U0938995

为人生提供领跑世界的力量

▲ 2010年9月，创新工场每周五员工周会的一幕。因为办公场地拥挤，大家围在办公室仅有的空地——过道上。用一捆打包的书籍作为演讲台，李开复拿着扩音器站在这个“演讲台”上对创新工场的工友们讲话。

▲ 李开复和创新工场投资孵化的创业团队在一起。创新工场不仅为创业团队提供资金支持，还提供孵化服务（法务、财务、招聘、市场、商务、技术等）。而孵化服务最重要的一项就是团队培训和文化传承，在创新工场处处都可以感受到平等、自由、分享、创新的氛围。

▲ 2011年11月10日晚，徐小平携真格基金抵达“创业彩虹之旅”第六站——达特茅斯学院，和参加创业大赛的学生们在一起。

▲ 2011 年 11 月 12 日，徐小平携真格基金来到终点站哈佛大学，图为此次创业论坛暨 PITCH 大赛（创业者展示项目，并通过演讲、竞争等获得投资的比赛）现场，奖金总额高达 10 万美元。

▲ 雷军（后排左一）与UCWEB（优视动景）团队在一起。俞永福（前排左三）离开联想加入UCWEB后，雷军对UCWEB进行了天使投资，并于2008年10月出任董事长。

▲ 2012年凡客诚品年会现场，雷军（右一）说凡客诚品是自己最成功的投资。为推广凡客，雷军是凡客诚品的第一个试衣模特、第一个明星代言人以及排名前五的svip（高级贵宾）用户。

▲ 2009年11月20日，7天酒店在纽约交易所上市，何伯权（右七）和7天团队尽享成功一刻。7天酒店为何伯权天使投资最成功的项目之一，最初6000万元的投资，在7天酒店成功上市时获得了21倍的回报。

▲ 2010年11月10日，诺亚财富在纽约交易所上市，何伯权（前排张开双臂者）和诺亚团队在纽约交易所前欢呼。诺亚财富也是何伯权天使投资的成功项目之一。

▲ 2005年4月7日，首届“中国互联网站长大会”留影。此次大会由蔡文胜发起，邀请了国内流量最大的150名个人网站站长和一些VC（风险投资）投资人。在这次大会上，雷军投资了李学凌的多玩网——中国草根个人站长第一次与VC进行对接。

▲ 新、老天使投资人蔡文胜（右）、薛蛮子（左）。2003年，蔡文胜创办265网站，获得薛蛮子投资，如今他也开始投身天使投资。

▲ 杨向阳（右）与清华大学前校长王大中（左）合影。2000年，在当时清华大学校长王大中的建议下，杨向阳创办的源政药业入股清华源兴公司，间接进行了天使投资。

▲ 季琦（中）和纳斯达克CEO格雷菲尔德（右）等在一起。2010年3月，季琦带领汉庭在纳斯达克上市。10年成功创立3家上市企业，季琦创造了历史。现在，他开始投身天使投资，“帮助创业者——这是另一种创业”。

我为什么要投资你

总策划 天使会 China Angel Investor Club

李晓艳 著

中国商业出版社

图书在版编目（CIP）数据

我为什么要投资你/李晓艳著. —北京 ：中国商业出版社，2012.3
ISBN 978-7-5044-7609-8

Ⅰ. ①我… Ⅱ. ①李… Ⅲ. ①投资—通俗读物 Ⅳ. ①F830.59-49

中国版本图书馆CIP数据核字（2012）第039233号

责任编辑：王　彦

中国商业出版社出版发行
010-63033100 www.c-cbook.com
（100053 北京广安门内报国寺1号）
新华书店总店北京发行所经销
三河市汇鑫印务有限公司

* * * * *

710毫米×1000毫米　1/16开　18印张　260千字
2012年5月第1版　2012年5月第1次印刷

定价：39.80元

* * * *

序

柳传志

最近这几年，“创业”成为社会上的热门话题，一种时代潮流，很多年轻人都开始追逐自己的创业梦想，跃跃欲试者更不在少数。作为过来人，我想给这些年轻人一句忠告，就是决定创业之前一定要想好，要作好思想准备，毕竟能够存活下去、最终获得成功的创业者永远只是少数，要经得起挫折。

在围绕创业的各种讨论中，我经常能看到、听到对大环境的批评或抱怨，认为这是很多中小企业难以为继的原因之一。不可否认，现实中存在着这样那样的问题，但如果我们仅仅停留在抱怨的阶段，问题并不会得到解决，还是需要大家一起脚踏实地去做事。

其实，想想我和几位同事在28年前出来创立联想时，跟如今的创业环境相比，根本不可同日而语。我们还算幸运，有中科院最初给的20万元，这笔钱也可以算做天使投资，只不过那时还没有这个概念。那时如果个人想干点什么事儿，根本找不到外部资本，也没有人能告诉你该怎么做，全靠自己摸索，就像小平说的“摸着石头过河”。

再看现在，有一批已经成功的创业者，带着自己的财富和经验，开始做天使投资，去帮助下一拨的创业者。包括像开复两年前决定做创新工场，想用机构化的方式去孵化一批创业者，我很支持这种想法，所以联想控股也是LP（有限合伙人）之一。其实，对于创业者来说，最初的启动资本固然重要，但我认为，这种创业经验的传承更不可或缺，身边如果有了“创业导师”，可以在一定程度上避免创业者走弯路，降低失败的风险。

从联想的角度来说，我们也在作一些尝试，探索一条“帮助创业者”最有效的道路。很多人大概知道，联想从2001年开始做风险投资，在这个过程中，我们接触到了大量的中小企业和新创业者，就发现了一些制约创业企业成长的因素。

所以，从2008年开始，联想控股跟中科院一起，搞了一个“联想之星”的项目，想通过“创业培训+天使投资”的方式来发掘并培育科技创业的领军人才，推动科技成果产业化和科技创业。做了这几年，联想之星创业培训已经形成了面向全国招生的创业CEO特训班、针对当地科技创业者的短训班，以及覆盖更多创业人群的联想之星创业大讲堂等多层次培训活动，将联想积累的管理与投资经验分享给更多的人。而在2009年，我们又设立了4亿元的天使投资基金，专注于科技领域种子期企业的投资，并且这个基金的所有收益将再次用于天使投资。为了给创业者提供全方位的帮助，我们在2011年9月，又联合各界机构成立了创业联盟，战略合作机构包括7家地区高新区政府机构、8家社会机构及金融服务机构以及13家投资机构等。

我们深知，联想从最初的20万元发展到现在上千亿的资产规模，并不是因为有多少过人之处，这与整个社会的发展分不开，也离不开多方的扶持与帮助。所以，在取得了一点成绩后，我们很愿意与各界有识之士一道，为新创业者做些实事，为中国的创新事业出份力。

这本书是12位著名天使投资人的切身体会，他们在从事天使投资以前又都在各自的领域内有所建树。我知道这些朋友的事迹，除了认识大部分以外，还有几位是我多年的合作者。我想他们应该是不缺钱花的人，但他们愿意走创业投资这种有一定风险的路，愿意把自己磕磕碰碰中得到的经验教训总结出来写成书，能让更多有条件创业的人少走弯路迈向成功，动机是高尚的，行为是求实的。我真心地钦佩他们。

希望有更多的成功创业者加入“创业导师”的队伍，也希望有更多像这样有“真材实料”的书籍，把这些人的智慧结晶传播得更远。

2012年3月

第一篇

薛蛮子
我的投资逻辑永远是先看人

季琦
做自己擅长的事，赚自己能赚的钱

微心得

何伯权
创业者把自己的钱全部投进来，就是最好的可行性报告

微心得

吕谭平
市场不断变化，最不可取的是急功近利

微心得

杨向阳
我今天做的事情不是为了明天，而是为了20年以后

微心得

包凡&险峰华兴
我们不是开车的人，最多是坐在副驾位置上的人

微心得

倪正东&清科
创业是万米长跑，一万米是慢慢熬出来的

微心得

李开复&创新工场
把优秀的人聚在一起，看对趋势并给予指导

微心得

李开复：用机构天使投资模式帮助有梦想的年轻人

第二篇

天使投资一点通

天使投资“生物链”——基本运作模式

第一篇

薛蛮子

我的投资逻辑永远是先看人

每一位创业者在创业之前，一定要想清楚为什么创业。因为创业是拿你们的青春、信用以及朋友、家人的钱财去“赌博”，我的微博每天都会收到500多封私信，绝大多数人所谓的创业都不靠谱，因为大多数人只是为创业而创业。

微心得

很多创业团队都是没有钱的时候可以共苦，但不能同甘，刚刚有点小名堂就跟癌细胞裂变一样，一个变成两个，两个变四个，让大家都没法活，所以团队最重要。这个时代已经不是某个人单打独斗、拿一个创意就能成功的，要想成为一家伟大公司的领袖，一定要损己利人，只要你个人能做到损己利人，你的团队就有保证了。

现在创业，我认为比几年前的环境要好得多。从宏观的角度，我认为移动互联网、社交媒体将有一个大的洗牌过程，会有新的机会出现。

投入和回报，不是一个财务数字，用电视剧里的话，就是“人人心中有杆秤”。所以你的投入产出，一定是由于你的性格所致。

在今天社会化媒体发达、自媒体（比如微博）兴起的时代，撒谎不仅是魔鬼般的恶行，更是搬起石头砸自己脚的蠢事。今日谁还能把切尔诺贝利事故一手遮天、掩盖过去？谁撒谎，谁就是自杀。自作孽不可活！

你的核心竞争力是什么？中国人太聪明了，借助一些小伎俩的机会太多了，所以，作为一个创业者，一定要能把别人想不清楚的事情想清楚才行。如果你想的和13亿同胞想的不一样，就算是有杀手锏了。

我投资的人都是我的小兄弟，关键的时候都得帮他们忙啊：他们的人生道路选择，娶媳妇，跟女朋友吵架，想不开啦，这公司是卖啊还是上市啊，卖了之后舍不得啊，哭鼻子啊……你是他的心理咨询师、老师、朋友、保姆……帮创业者找资源、解决家庭纠纷、排解心理问题、调整创业方向，天使投资这一行你要是不喜欢绝对做不了，关键得“好”这一口。

创业者情商最好要高一点，对于情商特别低的创业者我很害怕。智商高、情商低的人很难搞，容易闹出不愉快，跟这种创业者处理关系没有什么特别的规律，就跟你家里多了个孩子、多了个侄子似的。

天使投资人没有成功与否的标准，这行当里没人争论究竟谁好。对我来说，就是和喜欢的人做喜欢的事，你要天天算账，那不是自己把自己玩死了吗?

我的名言就是——成功是偶然的，失败是必然的，成功的人大部分都是蒙的。

有三把“金刚钻”，才能做天使投资人

我觉得做天使投资既不是什么理想主义，也不像有些人以为的是公益行为。所谓天使投资，它还是一个非常商业化的早期投资行为，机构不投的个人来投。有个说法是，天使投资其实就是3个F：Family，Friends，Fool——就是家里人、哥们儿和傻帽儿。创业过程中，凡是拿不到机构投资的创业者，都需要各种不同形式的天使，而绝大部分所谓的天使，都是你们家里的人。

对于很多创业者来说，他们最早获得的资金大多来自于与之亲近的家人或者朋友，在完全没有证明和担保的情况下，这笔随时都可能化为乌有的投资完全仰赖于彼此间的信任。很多人说我们这帮天使投资人“好忽悠”，是“傻帽儿”。确实，做天使投资的多少都有些自虐，你若不“好”这一口，绝对干不了这事。

相比VC/PE（风险投资/私募股权投资）来说，天使投资周期长、离上市远、失败可能性更大，很多做天使投资的人都是因为自己的兴趣。我认为，想做天使投资人得具备三个因素：一是有闲钱、生活没问题，有金钱和资本的能力来做这个事；二是最好有一定的创业经验，有一定的商业知识，最好有一门专长，在某个领域有独到的经验，除了钱之外能够给被投资者带来一些经验、劝告；第三是性格，你要是天天跟训儿子似的折磨被投资的创业者，那没准过两天人家就跑了，一定是又拉又打，该打的时候打两下，该鼓励的时候鼓励一下，人家咳嗽的时候给擤鼻涕，这是对于性格和心理素质

的要求，因为创业是极为复杂、极为折腾的事情。市面上看到的报道大多记载的是成功的创业故事，但其实很多创业公司都乱得一锅粥似的。

国内投资市场很畸形

我个人觉得，在全球范围内，目前天使投资是所有阶段中投资量最大的，因为初创企业数量最多，而能实现IPO（首次公开募投）的企业最少，不可能倒着做。但是现在国内做后期投资的多于做早期投资的，早期投资又多于天使投资，原因就在于国内的机构投资者对回报率、IPO项目数量看得太重。中国的投资者在很大程度上不切实际，抱着很高的期望值，一旦投资了就希望每年能做出个创业板上市公司。其实，私募股权投资的风险远远大于二级市场。

这两年有了创业板，也有几百家公司上市了，不少做私募股权投资的公司都获利甚丰。于是乎，大家都觉得这个事情好玩，中国过去30多年高速经济增长，很多人泥腿子出身，都变成亿万富翁了，于是就想去投资赚钱，自己可能根本没弄清楚。我认为这些不能叫天使投资，像很多温州人说给你投钱，但是每年要收30%～40%的利息，可是你想想干什么活有这么高的利息？

目前国内大部分玩私募投资的人，根本不知道自己玩的是什么，都被忽悠了，以为就像买基金。之所以出现这种情况，是因为中国没有一个很好的投资渠道。比如说买股票的人，一方面就是靠谣言和所谓的内幕消息，另外一方面就是有大量傻帽儿的投资软件，全是胡闹。可以说，国内的投资市场严重畸变，诚信缺失。

中国目前的短期投资竞争尤其激烈，因为能上市的企业就那么几家，但有好几千家在排队，哪家能上谁也说不清。所以，我觉得很多人对早期投资和天使投资没有概念，大家都在想怎么做发财快，以前是赌金子、赌房子，现在是赌IPO，谁投的企业能在创业板或中小板上市，到最后比的可能就是权力。

而天使投资主要投资于尚处于创业早期的商业模式，他们没有实体，没有财务报表，没有任何盈利甚至是零交易，这些企业最需要资金供以成长。他们如果指望凭着一张纸，一个梦想和一个团队获得VC/PE的青睐几乎无望，VC/PE专注于能带来高回报的企业，比如“成长期”和临近上市的Pre-IPO企业。

美国的天使遍布全国，善于团体作战

在美国，投融资手段和渠道很丰富，每个人的财务规划是一整套的：有多少是债券、其中多少是长期债券多少是短期债券，美国债券、海外债券；然后有多少是投资保险，保险应该算是一种固定回报的投资；然后才考虑到二级市场的股票，先以本国的股票为主，再考虑海外的股票市场和新兴市场；最后资金的一小块才来做私募投资，因为这是高风险高回报，没有任何规律。所以西方人的财富管理很成熟，一共有多少钱、在每个领域要投资多少钱、占多少百分比，需要通盘考虑。

美国的天使投资机构遍布全国，主要都是从上市公司退休下来的各类专业人士，比如律师、会计师、工程师……他们每人拿出20万～50万美元不等，几百个人组成一个天使投资圈，也分不同的组，比如生物工程组、软件组、互联网组……这样大家互相了解和调查行业情况就很方便，因为全是专家，在行业经验上可以互相补充和支持。每一两周都有案子开会，这差不多就组成这群天使投资人内部的尽职调查会议，之后就决定是否投钱。一般对每家创业企业投的钱都不多，就几十万美元，但投资的总量大，属于广撒种子，这样产生好的企业苗子的概率就大了。

美国遍布着大大小小的投资俱乐部，形成了非常良好的天使与风险投资机制。你如果有个创业的想法，投资俱乐部里不同领域和行业的人就能迅速帮你分析下情况，看这个想法和主意靠不靠谱，如果四五个天使都说不靠谱，那你就要考虑下了，别拍脑袋就作决定。这些人都是大公司出来的，来自Ebay、微软、惠普等，有很多年的实际市场经验，这样组成几十上百人的团队，各方面知识都是完备的，对创业项目的创新性、对财务和法律的要求，都是团队共同评估的结果。中国目前很缺乏这种氛围，天使投资人基本各干各的，大家之间还没有形成一个圈子和团体，对各自投资的项目也不清楚，我们成立“天使会”就是希望营造这种投资环境和氛围。

美国的这种天使投资环境起到了若干作用：第一个是如果碰到一个好项目，就能达到非常高的投资回报率。前些日子硅谷刚刚出了个云端服务企业Dropbox，创始人是个大学没毕业的孩子，就融了1.5万美元的天使投资基金就再也没融资了，现在的市值是40亿美元，一年销售额两亿美元，全部公司加起来才十多个人。这种例子对天使投资来说，就是绝对兴奋、让人血脉贲张的高回报率。再说Google，最开始的时候是Sun公司的联合创始人安德雷斯·贝托谢姆（Andreas Bechtolsheim）给的10万美元，这笔钱最后变成了10亿美元。

第二个作用是，对创业者来说，一方面有了创业启动所需的钱，另一方面是资深的教父型的人带来的经验：你应该注册什么类型的公司？是在内华达注册还是在加州注册？你的董事会怎么设立？怎么规划后续的风险融资？这个钱该怎么用，怎么个比例？期权是怎么回事？而对于天使投资人来说，一方面有潜在的经济回报，另一方面也有意义，挺好玩儿，大家每周开个会看看有没有再创业的机会，能不能碰到下一个乔布斯或者盖茨，这在某种程度上来说也是一种传承。

天使投资人最大的挑战：不断学习新事物

中国的天使投资这几年发展得非常快，不少民营企业的创始人通过上市都积累了一定的财富基础，他们也愿意继续不断地做这些事。天使投资应该是越来越被人接受的投资形式，尽管大家仍有种种误解，但是参与的人比以前多。

这些人钱越来越多，经验也越来越多，越来越有资格做天使投资。像曾李青参与创办腾讯后，不可能再做出一个腾讯，那他做天使投资不小心就出了个淘米网；何伯权卖掉了乐百氏，投资做了7天酒店、诺亚财富等，上市之后回报也好，又有巨大的价值，投资做成了中国最大的经济型旅馆、中国最早的财务管理公司……这都是非常令人满足的事。

但是天使投资不像VC/PE这种机构投资逐渐细分专业化，天使投资主要的优势是它并不是一支严格的基金，没有说什么人只能做环保、什么人只能做互联网……正是因为每个天使投资人有不同的背景，才会更有价值，像李开复、雷军等做互联网的人要常听听何伯权怎么做传统领域，而做传统领域的则要多听听他们怎么做互联网，这里面就有太多跨界产生的价值。

我认为天使投资人最大的价值，不是要做什么本人就得是这个领域的专家，而是要具备这种跨界能力。天使投资人之间思路的撞击能给人带来巨大的价值，而创业者需要的也正是这些，因此天使投资人之间形成一个团队很重要，大家能够集思广益。

所以，对天使投资人来说最大的挑战是不断地学习，不断接触新事物。科技的环境随时都在变，你得要跟上，如果说你根本不懂什么是iOS，什么叫安卓，你不懂得新的技术就无从判断未来的趋势和发展方向。美国有个玛丽·米克尔[1]（Mary Meeker），她在雅虎、亚马逊、Ebay、Google、Facebook这些企业刚出来时就很推崇，对于互联网的行业发展趋势和企业都很有预见性，被称为“网络女皇”。其实最关键的是她的行业关系好，在那批做互联网的人还什么都不是的时候，她就跟他们建立了非常好的关系，就获得了信息渠道和判断依据，来分析这个行业是怎么回事。这些东西每天都在更新，你要是退休天天在家玩儿，肯定就不可能知道了，要想做天使投资，一定要不断接触新事物。

天使投资人挑战之二：识人是一门艺术

对于天使投资人来说，还有一个挑战是对人的判断。一方面目前中国还比较缺乏非常具有原创性的项目，很多创新模式都是从国外复制过来的，在这种情况下要去选择一个发展潜力大的项目，难度可能就挺大。所以对我们来说，项目本身远远没有人重要，往往创业者最初创立的企业和他最后做成功的企业完全是两码事，都不挨着，所以我们更看重人。另一方面，天使投资人并不需要对财务分析有多厉害，因为大多数公司刚成立，没什么财务状况让你看，好多刚起步的公司连销售额都没有，就是一张纸，难点还是在对

1　现任KPCB合伙人，曾任摩根士丹利首席分析师。——编者注

人的判断上，这个要求很高。识人从来都不是一门科学，而是艺术，只可意会不可言传，有人一看他靠谱，这跟他的身高、三围、长相都没什么关系，它是个动态的过程，要从他平常的待人接物、对事对人的态度、教育水平、谈吐等来判断，所以“识人”是很难也很好玩的事情。

另外从外部客观条件来说，还有个挑战可能是中国的法制环境和政策环境，不够完善，而且经常说变就变。比如你说新浪微博本来好好的，现在突然政策变了说要弄实名制，那可能很多用户的意见很大，如果因此而流失用户，那这个应用自然就面临着风险。

挑选项目的五大标准：人要靠谱，事也要靠谱

我的投资逻辑永远是先看人。看一个人能不能成事，有几个标准：

我的第一个标准是这人对事情本身的兴趣和痴迷远远大于金钱。如果这人做这件事光想着钱肯定一两天就收兵了，只有把这个事当做自己的兴趣才能做成，像马云对电子商务的痴迷、马化腾对技术的痴迷、李彦宏对搜索的痴迷……这些人不给钱都愿意倒贴去做。我凡是看到一个创业者愿意倒贴都要做这件事，基本判断这个人靠谱、这个事肯定能成，说明这个人对这个行业有超乎寻常的热情。比如我投资的李想和蔡文胜，他们都没受过高等教育，蔡文胜初中毕业，李想高中毕业，但他们是天生的创业者。

第二个判断标准就是看这个人有没有基本的道德水准，看他对人、朋友、亲人的态度怎么样。我有一个说法，看一个人“一看他的微博，二看他对自己女人的态度，三看他对属下的态度”。

第三个是看这个团队有没有凝聚力，团队凝聚力的大小决定了大家能否

齐心协力做成这个事情。

第四，这个事本身是朝阳产业，是个有前途的事情。当然人靠谱最重要，但做的事也要靠谱才行，如果这个人特别靠谱，但他从事的是很没前途的事情，也肯定不行。“女怕嫁错郎，男怕入错行”，比如说E-mail出来了你还卖传真机，现在都用数码设备了，你还天天摆弄传统相机，那就算有天大的本事也没戏。

最后，要看一下这个事情的规模化前景。对于天使投资来说，起始投资要小，但规模化要大。我们希望投市场化运作的企业，那些仰赖特殊政策获得一片天下的企业是我们不愿意投的，所以项目模式本身首先要好，要有足够的扩张性。

创业者要看清投资人为什么而来

天使投资一般占企业股权的比例为10%～30%，很少会超过30%。对于我们这些天使投资人来说回报率每年都超过100%，绝大多数有天使投资进入的项目几个月之后就希望有新的风险资本进入接盘，天使投资人带来了经验和规范化，等于给项目做了背书，就更容易获得风险投资。大多数VC会觉得，有了薛蛮子，有了雷军，有了曾李青，很大程度上就有了担保。

天使投资人也会做点尽职调查，也就是看看账啊，查查公司的注册，因为都是些小公司，这些调查很简单，不用多严格。对于创业者来说，一定要弄清楚他们找的天使投资人哪些纯粹是为了财务来的，可能逼着他们马上就要利润和收益的；还有一种就是一上来就要求控股的，这样创业者就失去了主动权，变成一个光荣打工、拿点期权的劳动者，等于自己创立的公司就没了。

"天使投资第一人"薛蛮子：我做天使投资就是玩

"不就是赔钱嘛，咱也不是没赔过，不怕赔钱；对我来说天使投资有很大一半是为了玩，多个玩意儿，多个事。"

"我梦想是在中国寻找下一个扎克伯格和乔布斯，中国人聪明才智什么都有，苗子都不差，就是土壤水分什么的环境问题差了点。"

戏称自己"芳龄"五十八的薛蛮子是个不折不扣的老顽童。"他被网友们称为刷屏大王"，微博粉丝量已经超过了190万，他坦言微博成了他与创业者联络的主要渠道，每天上千封私信中多数都是满怀梦想的创业者发来"要钱"的，他专门在主页上还留下了接收商业计划书的电子邮箱："我做天使投资就是玩，只求玩儿得开心！"

正是这位"玩"天使投资的人，在美国由于投资房产而挖到第一桶金后，与陆弘亮一道收购了一家做通讯的公司并更名为Unitech[1]。UT斯达康于2000年成功在纳斯达克上市，薛蛮子获得丰厚回报，从此正式踏上了天使投资之路。之后他的投资名录不断加长：早期的电子商务网站8848、李想的泡泡网和汽车之家、蔡文胜的265导航网站、方三文的雪球财经、杜子健的华艺百创、黄明明的酷盘……“至于投资回报是多少，我从来没算过也不知道，反正我是赚钱的！哈哈！”

从“红二代”到投资人

薛蛮子出生在中共高级官员家庭，其父薛子正22岁留学苏联学习军事，29岁（1934年）成为中共江西军区参谋长，后历任北京市副市长、国家经济委员会副主任等职。薛蛮子的小学同学里有刘少奇的女儿刘婷婷、朱德的孙子朱和平、李先念的儿子、胡耀邦的女儿等，他还跟着著名翻译家萧乾、城市规划专家陈占祥等人学习过英语，法文教师则是华揽洪、李健吾、叶君健等人……但即便出生在这样“令人艳羡”的家庭里，薛蛮子在少年时期就经历了人生磨难和挫折，这也许也是他为什么在成功后会投身于天使投资的一个潜在缘由。

薛蛮子13岁时，因为父亲入狱，他不得不告别“贵族生活”，随着历史洪流踏上了“上山下乡”的道路。在艰苦的环境中坚持了两年的他，终于因为忍受不了饥饿和痛苦逃回北京，但那段经历至今依旧折射在他对待人生的态度上，他认为这一切都是自己“赚”得的财富，“我从来不发火、不慌张，我的人生都是白捞的”。这位资产以10亿美元计的富豪是北京秀水街的常客，全身上下没有价格超过200元的衣服，袜子上经常有窟窿，和富有的

1　后与斯达康合并为UT斯达康。——编者注

朋友出去吃饭从不结账，是圈里出了名的“老抠儿”，但“遇到投资赔很多钱时候，最多难受一天就过去了”。这个白发老顽童时不时地显现出一些他作为“投资人”的可爱和狡黠。

如果说父亲入狱是薛蛮子人生遭受的第一个巨大变故，接下来的转折则是他自己的选择。1980年时刚在国内读了一年研究生的他，拿到加州伯克利大学奖学金赴美攻读博士学位，在此期间给正在研发翻译机的陆弘亮和孙正义做汉语拼音翻译，前者正是后来与他一道做UT斯达康的创始人兼董事长，而后者则是软银的创始人。薛蛮子由此挣到了自己人生的第一个7000美元，与此同时，他也眼睁睁地看着孙正义研发的机器转手卖了100万美元。这两个数字的强烈对比，让他骨子里的商业细胞跳跃了起来，薛蛮子果断地弃文从商。

还没毕业薛蛮子就到了德国蒂森钢铁公司（Thyssen）下属的一家贸易公司就职，没多久便展现出了超人的商业大赋，他将“低买高卖”的策略灵活地运用在公司尿素出口业务上，帮助公司大幅提升了利润，变成公司的“功臣”。公司奖励他7000美元的20年无息贷款，薛蛮子用这笔钱买了第一所小房子，之后又多次在房产交易中获得不菲收益，20世纪80年代末当纽约房价大跌薛蛮子回头来大肆收购时，有当地媒体写道：“好消息是Charles Xue出价了，坏消息是他的出价比较低。”

在美国地产界的投资小试牛刀后，薛蛮子尝到了资本带来的巨大幸福和快乐感，并开始将目光投向了房产投资以外的领域，而这时的他已不知不觉走上了专业天使投资人道路。

最漂亮的出手：投资UT斯达康

从美国房地产领域赚得了第一桶金后，投资UT斯达康的成功无疑是薛蛮子投资生涯中最漂亮的一次出手。对于吴鹰所称“投资25万美元，获益

1.25亿美元”的爆料，薛蛮子只是微笑没有回应，但世事往往在开始的时候就早已注定了因缘定数。

1991年薛蛮子接到了一个电话，对方问他“你想不想做一个中国的AT&T”，电话那端名叫王祖光的留学生希望薛蛮子能买下他与浙江电信器材一厂共同创办的公司。虽然薛蛮子对通信电信行业知之甚少，但中国通信市场当时正处在极度饥饿正待大力新兴发展的状态，薛蛮子决定叫上曾经的“老板”陆弘亮一起买下这个公司，而这就是之后的Unitech公司，几乎在同一时间，吴鹰也刚刚创立了斯达康。

1995年，薛蛮子、陆弘亮和吴鹰三人在曼哈顿正式结缘，双方将Unitech和斯达康合并为UT斯达康。2001年，薛蛮子在UT斯达康上市一年后抛售了所持股票，并结束了美国的地产生意，回到了国内寻找投资机会。

时至今日，薛蛮子在天使投资圈里做得风生水起，对于所谓“成功”，他笑称自己“全靠蒙，所有人的成功都是蒙的！”当然，薛蛮子也有蒙不准的时候，1999年对8848的投资就是其中一例。作为中国电子商务市场的先驱，8848真正是起了个大早赶了个晚集，没有赶上这个行业最红火的年头，最终进入了历史，薛蛮子的总结是“我失败在于对8848坚持得不够久”。

有眼不识马云、周鸿祎，错失投资良机

而谈起如今在电子商务领域领先的阿里巴巴，则让薛蛮子追悔莫及。他依然清晰记得初见四处寻觅投资的马云时的情景，彼时孙正义准备投资马云，薛蛮子感叹马云“这厮长成这样儿，有什么前途？”拒绝投资，如今包括支付宝、淘宝等资产在内的阿里巴巴集团，整体估值至少在数百亿美元。

圈内好友李开复、徐小平纷纷发布微博以此刺激薛蛮子，这位老顽童也连称悔不该当初，与这一投资良机失之交臂。

同样让薛蛮子感到自己“有眼不识泰山”的还有周鸿祎，2000年时后者刚刚创立“3721”不久，时任鼎晖投资合伙人的王功权带薛蛮子去看这个项目，薛的态度是：“什么叫不管三七二十一啊？这样的公司能成功吗？”2003年，雅虎以1.2亿美元收购了3721，而周鸿祎之后又创立了奇虎360并在纳斯达克上市。“我瞎了狗眼！”薛蛮子大叫，虽有遗憾但看不出后悔，也许这就是投资的缘分和好玩之处吧，所以他才乐得享受和“玩”在其中，如果总是为错过的项目懊恼后悔，反而会失去了“玩”的本意。

当然，薛蛮子在错失这些机会之外，也“玩”出了一些名堂，比如他先后投资了蔡文胜的265导航网站、李想的泡泡网和汽车之家、方三文的雪球财经等，都在相关领域里有不俗的表现。薛蛮子自称在过去的18个月里，卖掉了总价值15亿美元的公司，同时他还有20个左右在投项目，他的总投资额估计在2亿元左右，其中一家电子外贸网站（帝科思，Deal extreme）刚刚上市，还有家船厂也即将上市。

“微博达人”不断玩出新花样

如果不是2011年2月一份《关于彻底消灭全国大规模拐卖儿童强制乞讨犯罪集团的倡议书》，可能外界还无法真正认识这位多年隐身江湖的天使投资人，这份倡议书成为新浪微博上的热点，倡议人落款“薛蛮子”。正因为强烈呼吁全民“打拐”，他终于按捺不住内心的迫切愿望，在网络上浮出水面，在此之前他一直保持着低调，几乎不接受媒体采访。

一石激起千层浪。这位“打拐超人”的微博被众多名人转发，他的粉丝数随之激增，其天使投资人的身份也“暴露”天下。他在微博上回应说：

“我一个退休老头，从不露面，无容貌，无歌迷，无绯闻，不娱乐，从春节前的10万粉丝到今天的40万，为什么？因为孩子！”而薛蛮子第二次给广大网民留下深刻印象的是，在2011年5月风险投资人王功权微博自爆“私奔”事件后，薛蛮子在微博上透露自己查出患有直肠癌，并称：“我的心态很好，精神矍铄！”还给自己戴上标签——“乐观的癌症斗士”。

年近六十的薛蛮子经常组织年轻人的聚会，从中发现有价值和想法的人；他在微博上每天收到成百上千的商业计划书，并和需要投资的创业者们随时沟通，“微博现在成为我和创业者沟通的最好方式和渠道”；他每天都泡在微博上，并每天更新一个“历史上的今天”栏目，还推出了免费的电子杂志《蛮子文摘》……对于这个将金钱只认为是数字、将投资看成“玩儿”的老头来说，做天使投资人很大程度上并不是一种纯粹的商业行为，而是一种乐在其中的生活方式。

薛蛮子投资风格

一、投资主要看人，识人能力非常强；二、不是“控制型”天使，一般投资完后对企业的运营和业务接入较少；三、职业专职的天使投资人；四、投资额度50万~2000万人民币之间，一般占股不超过20%。

雷军

有一天，“雷军”二字会和一家伟大的企业深深联系在一起吗？

我总结的创业十条：1.能洞察用户需求，对市场极其敏感。2.志存高远并脚踏实地。3.最好是两三个优势互补的人一起创业。4.一定要有技术过硬并能带队伍的技术带头人。5.低成本情况下的快速扩张能力。6.有创业成功经验的人加分。7.做最肥的市场。8.选择最佳的时间点。9.专注、专注再专注。10.业务在小规模被验证。

微心得

如果一个人不是从内心深处由衷地喜欢自己所做的事，他很难做得好。所以我的投资理念就是百分之百只投人。我最喜欢的投资的是一个人出现在我面前，他说：我有一个主意，我想做什么。我最愿意从零开始做。

假如生命明天就会终止的话，你今天还会创业吗？如果这一条大家能做出肯定的回答，我相信这个人一定是个真正的、热爱自己的事业、热爱创业的人。从投资的角度来说，也许这就是我们苦苦找寻的千里马。

如果没有一个最低6×12小时的勤奋和努力，为什么你会成功呢？如果你想干5×8小时就成功，别人比你工作时间长50%，聪明程度一样，但人家比你多一倍努力。这就应了中国的古话：天道酬勤。

成功的三个因素是什么呢？第一个因素是1万小时的练习；第二个因素是找到重大产业机会开始的那一点，就是势；第三个因素是加上一点点的运气，就会成功。

我看中所投企业两点：一、会不会在低成本情况下快速扩张，互联网企业要保持持续稳定增长，比如每个月持续增长10%，一年后就是3.14倍；每个月持续增长15%，一年后就是5.35倍；每个月持续增长20%，一年后就是8.92倍。二、会不会在细分领域里做到数一数二，能否做到市值10亿美元规模。

在互联网营销里，最重要的是口碑。你切入进去这个服务，有没有足够好的口碑，能不能像滚雪球一样越来越大，如果不是这样，说明你的切入点不够。

中国还处在市场竞争的初级阶段，其中还存在着大量不规范的手段，这也是中国的公司做大的过程中很重要的问题，不是说你有这样、那样的优势，竞争对手就没有办法和你竞争。这个事情只能见招拆招，没有非常好的解决方案，这对于中国的创业者来说，也是很重要的历练，其实每一家企业在成长的过程中，都经历过各种考验，没有统一的解决方案。

想成为“中国创造”的话，我觉得做企业一要志存高远，做的事情要面对未来；第二要敢用世界级的人才；第三点产品定位要高端，因为高端才有附加值，也改变我们中国过去制造低劣产品的形象。

做天使投资的初衷：回报社会，帮助朋友

天使投资是创新的一个重要基础，鼓励天使投资就是鼓励创新。创新绝大部分都来自创业的小公司，而这些小公司把想法变成现实的第一步需要什么？是钱！在硅谷，成功的公司初期的钱大多来自天使投资人，他们是创业公司的第一个动力源，对一家什么都没有的小公司VC是绝对不会投钱的。

天使投资另一个很重要的意义在于鼓励了社会的再投资，是一种企业家回报社会的做法。很多人觉得捐钱就可以了，的确，那是一种方式；但除此之外，你还可以花足够的时间来帮助整个社会的进步。这二者之间我绝对选后者。有些人觉得自己这辈子挣的钱足够花了，甚至几辈子都花不完，于是把大量财富都用在消费上，毕竟天使投资成功的概率极低，但它让社会财富循环起来了。当然必须明确的一点是：天使投资不是慈善。

第三个重要的意义就是经验的传承和帮助朋友。现在关于什么是天使投资的争论很多，我最认同的还是“3F”（家人、朋友和傻瓜），本质上的天使投资绝大部分都是以朋友为基础。试问我对你知之甚少，为什么要投给你钱？现在有很多心怀创业梦想的年轻人满世界提交商业计划书，这个现象很有意思，我认为他们应该先想想能不能说服自己周围的朋友、父母、叔叔阿姨给他们投钱，而盲目地寻找陌生人投资的成功概率很低。

对我个人而言，天使投资只是兴趣爱好，我做天使投资就两个原因：一是因为喜欢，二是因为报恩。在1998年金山最困难的时候，柳传志拍板

给我们投资了450万美元，救我们于水火，从此金山走向了腾飞之路。对柳总和联想的感激之情，不是我们仅仅把公司做好就能还得清的！再比如我的母校武汉大学，给了我创业的勇气和自信，仅仅去赞助一项奖学金就能还得清吗？想来想去，我觉得尽最大努力帮助后来的创业者：投钱，投时间，帮助这些创业企业成为伟大公司，这是我回报所有帮过我的人最好的方式！

拿出输光了也不在乎的钱去赌一个伟大的梦想和未来

打个比方，比如一个美国天使投资了2万美元，然后按照正常的流程找律师起草合同，再去公司作一下评估，法律、财务等一套弄下来，得花4万美元！这个就是成本，还只是在美国，在中国更甚，你投资2万元，需要的各项成本比投资金额贵几十倍。你觉得这个事情能做吗？如此一来，天使投资只能建立在信任的基础上，我给你一笔钱，你给我一张白条就得了。

所以，天使投资的本质是每个人拿出输光了不在乎的钱去赌一个伟大的梦想和未来。我拿一小笔钱去做事情，最重要的是要降低交易风险，在各种文件都非常不完备的基础上，降低交易风险就完全建立在信任的基础上，这对天使投资人其实十分不利。比如，薛蛮子最开始就弄个小黑本记一下自己投过哪些人，如果哪天要这个本本没了呢？以前我也不搞投资合同，就是写张纸约法三章：某年某月我投了你多少钱，占多少股份，这就是我们最早的投资行为，听起来荒唐，但这就是天使投资的本质！所以，我降低交易风险的一个办法是只投熟人，不熟不投；另一个方法是投很少的钱，比如，我要是在一个项目上投200万可能每天睡不着觉，我要是投两万块呢？赔了就算了。

可能有人会问，既然这么没谱的事情为什么要鼓励大家去做？其实天使投资高风险的背后是高投资回报，也有些赌场的特点。如果我投资的是Google就赚了3000倍，如果投中了苹果公司呢？那就更高了。所以天使投资对回报率的要求远远超过了VC/PE，这就像是买六合彩，钱扔到水里就扔了，而一旦赢了我就中了大奖。相比于其他天使投资人，我算是中六合彩比较多的。

我的投资逻辑是：如果我赔了我支持了创新，如果赚了我就中了六合彩，这不挺好？反正我做的时候没想到我会中六合彩，输了我无所谓，直到我中了几次之后，我觉得这个事挺有意思。从整体上看，天使会里面还没有人赔钱，毕竟中国经济这么高速发展，你闭着眼睛投资都可以挣钱，怎么会赔钱呢？除非你赔了两笔就不干了，你说中国太黑了骗子太多，但是“不入虎穴，焉得虎子”，即便是在和骗子的博弈中你一样可以挣到钱。所以说，真正赔钱的人是投了几笔就撤了的，坚持下来的都没有赔钱。

我们天使会里的人想要起到一个示范作用，因为真正的天使投资是朋友的钱，而且我们想要还原天使投资的本质，就是花很少的钱买六合彩。

投资原则：帮忙不添乱

首先要明确的一点是，只要你有点闲钱你都可以做天使，毕竟天使投资最重要的付出是钱。但是作为一个好的天使投资人就不这么简单了，它至少需要有三个核心条件：第一，你最好要有成功的创业经历；第二，你以前接受过VC投资，清楚地了解风险投资的过程；第三，你得拥有成功退出的经验。

这三条很重要。第一，有成功创业经验，这样你才可以指导新一轮的创业者，才能彰显出天使的价值所在；第二，天使投资是整个金融链条的第一步，接触VC的经验就显得至关重要，这样才可以确保你了解整个金融链条运作规律，知道怎么和VC打交道，怎么帮助这些创业者去进行后续融资，清楚这个过程中的门道；第三是你必须成功退出，这就证明你不差钱，“不差钱”在整个投资领域非常重要，天使投出的钱得是自己扔到水里都能不在乎的钱，如果投了点钱就整天要死要活的，这样的人绝对做不好天使投资。以美国为例，美国绝大部分的投资者都只投两三万美元而已。

天使投资的风险很大，这就要求天使投资人“不差钱，不着急”。我们一直在谈回报，如果你没有帮助年轻人、回报社会的想法，你要是把天使投资当成一种纯粹的财务投资，其实做起来挺难受的。想做天使的投资者必须得想清楚一点——天使投资和财务投资有本质的区别。

作为天使投资人必须放弃控制，之后你才会发现天使投资中很重要的原则，叫“帮忙不添乱”，必须得做到“不添乱”。除了放弃股权上的控制，更多的是放弃心态上的控制。我的这种参与团队运作的投资方式不代表我和其他投资人的方式不一样，主要因为我投的都是自己的哥们儿，他们刚刚创业什么都没有，天天来找你帮忙，让你出点子，这是我能提供的价值。毕竟我创业干了这么多次，干得年头长，遇到的事情多，经验也多，可以带去的价值多。我这是典型的“帮忙”不是“控制”。

我做天使投资的特点，就是有些苦练内功练了超过一万个小时的人来找我，我们一起分析方案，然后我掏钱注册开练。我觉得你要能把故事说明白了，你就可以从我口袋里面拿到钱，如果我看不懂的事，绝对不干。

如果创业的故事你都不能说服自己，那就没有可能说服投资人，但我绝对不控制强迫他。五六年前我认为移动互联网的机会一定比互联网更大，认认真真想透了以后，找了家小公司谈，问能不能接受我的想法，他说不要，我就去找第二家，叫乐讯，投了200万。后来又投了UCWEB，这使得我把握了整个移动互联网的脉搏。

中国的天使投资还很初级，有很好的投资机会

目前国内的天使投资才刚刚开始，还不是很活跃。相比于美国，我认为天使投资在中国会更难做，因为整个社会的诚信度相对较低，这就导致社会再投资的状态也并非良性。

中国目前存在不少畸形的现象，比如整个市场上绝对不缺钱，但是你问很多企业，它们又都融不到钱，而银行里有大笔的存款，同时钱又贷不出去。再看再投资领域，大家普遍缺钱，这是为什么呢？一方面是因为整个社会极其缺少诚信度，大家把钱投出去之后上当受骗的例子屡见不鲜，如此一来谁还愿意投？与之形成鲜明对比的是，中国的股市就像赌场，大家反而愿意去赌场，去炒房子去炒股，很少有人来再投资。我前些天看到一种说法，觉得说得特别好，说中国人从来没有把股票当股票看，就当成赌场的筹码，所以无论公司多烂都无所谓。所以，整个社会的资本就没有一个良性循环。

另一方面因为鼓励社会再投资的观念不普及，再投资光靠天使投资人是做不起来的，还取决于后期VC等整个资本链条的完善。这些原因综合起来，就导致天使投资在中国发展了五六年之后还是处在很萌芽的状态下，与此同时，VC/PE在中国都得到了极大的发展。比如你投个三五十万把一个

创业想法刚弄出原型，偏偏后面没有VC接盘，这笔投资就打了水漂，如果每一笔投资都收不回来，后面自然就没人投资了，但如果十笔中有一笔做成了，整个链条的人都挣了钱，良性循环就形成了。虽然现在的天使投资还处在很初期、很原始的状态，但相对于几年前刚出现的时候，天使投资人的数量还是增加了很多，单个案例投一两百万的现在也多得是。

中国市场其实并不缺乏创新，像百度、腾讯、阿里巴巴这些公司的涌现也证明了这一点。中国人天生就喜欢创业，有一种“宁为鸡头不为凤尾”的精神，在任何一个创业聚会上，你走进去根本很难走出来，因为创业者非常非常多。或许百度、腾讯他们最早的思路原型未必是原创的，但他们的了不起之处在于把中国的思路和国外的结合在一起，走出了自己的路。事实胜于雄辩。中国已经产生了几家规模在全球处于前十位的企业，这是个铁一般的事实，说明中国经济的发展速度，我相信未来会越来越快。如果我们一开始就和Google、苹果这样的公司去比是不现实的，这样比起来，全球又有几家这样的公司呢？

反观我自己投资的比较成功的几家公司，基本都是美国市场没有的，美国没有凡客，没有YY，也没有UC。这跟我们都是中国土生土长的公司不无关系，留过洋的人普遍更关注美国市场在做什么，相比他们，我更关注咱们的用户需要什么。

这么一看，在资本这一端，中国天使投资还在很初级的阶段，从绝对数字来讲天使投资还是非常少，而在另一端又有这么多具有创新性的创业者和企业不断出现，加上中国仍处在经济高速发展的阶段，大势所趋也非常利于天使投资获得高回报，这些足以证明在中国做天使投资的机会之所在。

投资的关键判断：团队+方向

我在选择投资项目时，通常考虑四个必备条件：大方向很好，小方向被验证，团队出色，投资回报率高。

关于大方向，主要是看这个方向5～10年是否长期看好，每个投资人都有自己独到的见解，目前我最看好的方向是移动互联网和电子商务，当然，我也还愿意学习研究一些新的方向。关于投资回报率，早期风险投资成功项目回报的目标是10倍的收益，而天使投资比早期风险投资进入要早，风险更高，要求的回报会更高。

所以，我投资的关键判断主要在于具体方向和团队。在我看来，团队和方向两者相辅相成，缺一不可。也就是说，如果创业者能力不足，再好的方向和机遇也很难把握；如果创业者能力非常出色，但做的方向不对，也难成大器。

第一就是团队，投资就是投人，人是最关键的因素。在商业社会里，人最重要的基础素质是诚信，没有诚信的人，是不会有人投资的。具体来说，团队要具备以下几个条件：首先能洞察用户需求，对市场极其敏感；并且要志存高远且脚踏实地；而且团队里最好是两三个优势互补的人在一起；如果是互联网领域的项目一定要有技术过硬、并能带队伍的技术带头人；还需要具备低成本情况下的快速扩张能力；最后有创业成功经验的人会加分。

第二个是方向，即在对的时间去做对的事情。首先要做最肥的市场，选择自己能做的最大的市场，只有大市场才能造就大企业，小池子养不了大鱼，方向有偏差的话，会浪费宝贵的创业资源；其次选择正确的时间点——市场基本成熟了，企业也已有雏形，引入天使投资后，业务会得到爆炸性增长；另外是要专注，要专注再专注，最好只做一件事情，这样能把事情做到极致；最后业务在小规模下被验证，有机会在某个垂直市场做到数一数二的位置。

方向比速度重要，很多人一创业就很急，好像出去抢钱去了。但是，我觉得要想清楚，有的时候一个大方向对了，你哪怕速度稍微慢一些，也会成功的。

这些条件并非完全必须，但具备这些条件的创业团队成功的把握会更大。尤其在目前的市场环境下，随着全球金融风暴席卷全球，风险投资人对于项目的审查标准也会变得更为严格，满足的条件越多越好。这些条件全部满足的创业项目，就是投资人眼里完美的项目，会很容易拿到投资。

通过熟人找投资最靠谱

寻求天使投资最重要的一个技巧就是通过熟人介绍更易成功。创业者的诚信是投资的前提，无论花多长时间和创业者沟通，都很难一下子建立起彼此足够的信任。天使投资由于是个人行为，投资前没有能力做足够的尽职调查，投资后基本不参与管理，这样对诚信的要求就更高。

千万别把天使当傻瓜。找天使投资千万不要盲目地去递交商业计划书，最重要的是要去找你的朋友和亲戚，如果他们都不能支持你的话，你说服其他天使投资人的希望也会很渺茫。如果周围的朋友实在拿不出你需要的钱也可以找朋友介绍他们的朋友给你。很多人把天使投资人当成慈善家，有人问我为什么不投他，我就很想问他我为什么要投你？熟人的介绍，相当于是对创业者诚信的背书，盲目寄送计划书，得到投资的难度会高很多。

现在不少年轻人带着自己的商业梦想去参加很多活动，有天使投资人抱怨说“我进去之后没发现一个靠谱的”，我觉得不一定，而是我们没有静下心来仔细听别人在说些什么。这个的确很难，因为陌生的人、陌生的事情，你怎么可能在很短的时间里知道谁行谁不行？Google早期融资比较容易，但雅虎的杨致远却是每天早起一个门、一个门地敲过去，敲了五六十家门才有人肯给他投钱。所以，不是每一家伟大的企业一上来就有人相中的，而相不中的症结在于不了解，不了解不信任自然不会投资，所以千万别把投资人当傻瓜，他们要真是傻瓜，自己也不会成功。

在整个的资本链条里面，天使投资人所承担的风险最高，所以创业者需要了解不同投资人对于回报的预期。如果创业者找A轮的投资者，一定要明白在未来可预见的5～7年自己是怎么安排的，如果可以把这个账算清楚，又练过几万个小时，让投资人相信你这个故事，你就成功了。

流着“创业者”血液的雷军：愿做天使投资的热心大婶

“有一天‘雷军’二字会和一家伟大的企业深深联系在一起吗？我觉得这个东西都是浮云，我们都知道GE是爱迪生创办的，可真正把GE做成的未必是爱迪生，他们都成了浮云。思科是谁创办的？忘了。我要告诉你，这不重要。”

这段感悟看似有远离江湖之意，但说出这番话的雷军仍然奋战在创业之路上，尽管他在创业圈内早已扬名立万。他目前是金山软件的董事长，并担任小米科技的CEO，除此之外还有很多企业与他有千丝万缕的关系：拉卡拉、凡客诚品、乐讯、UC优视、多玩、乐淘等，他是这些企业的早期天使投资者。

在“金山董事长、天使投资人、小米科技创始人兼CEO”这三个称谓中让雷军选一个的时候，他表示每一个称谓都是他，“金山是一段不可磨灭的过去，天使投资是自己实现兴趣和表达感恩的手段，小米科技是希望能实现一家世界级企业的梦想”。

也许，这就是多面雷军，对自己要求严格甚至苛刻极尽完美的一个人，一个工科出身思路清晰绝对理性的技术天才，一个习惯用公式和数据演示说明自己想法的管理者，一个说话平静透着些“文气”却创造过中国国产软件辉煌的IT领袖，一个不经意间的投资高手，一个在创业路上又重新起步刚刚出发的行路者。

乔布斯点亮大学“创业”梦想

1969年12月16日，雷军出生在湖北仙桃的一个教师家庭，仙桃是个小地方，据说历史上曾出过多位翰林，这里的很多人都是翰林之后。雷军少年时生活的仙桃还是个县城，称为沔阳县，1986年才撤县建市。1987年，18岁的雷军考入武汉大学计算机系。当时武汉大学是国内最早一批实施学分制的大学，修完一定的学分就可以毕业，雷军刚上大学就选修了不少高年级的课程，仅用两年时间便修够了所需学分，甚至完成了毕业设计。

充满青春激情和热血梦想的大二学生雷军，在提前完成了大学课业后，开始不满足于校园生活，骑着破自行车，背着装满磁盘和编程参考书的大包，闯荡于武汉电子一条街。只要能学到东西，雷军都乐此不疲：加密软件、杀毒软件、财务软件、CAD软件、中文系统以及各种实用小工具，甚至“黑客”解密软件也做过，很快雷军成了那里的名人，这个程序高手和技术天才能为各家电脑公司老板解决任何技术难题。

之后雷军还与后来曾任金山副总裁兼CIO的王全国合作编写了一份加密软件并创办“黄玫瑰小组”，在同行中声名鹊起，这时雷军开始接触“杀毒”软件，研究出了“免疫90”程序，并在《计算机世界》等报刊上发表了很多篇关于病毒的文章，成了当时小有名气的“反病毒专家”。

1987年，雷军在图书馆看到一本名为《硅谷之火》的书，深深被其中关于乔布斯的故事吸引，他迸发了最初的创业梦想：写一套软件运行在全世界每台电脑上，办一家全世界最牛的软件公司。于是雷军和王全国及另外两个同事在1990年大三暑假，热血沸腾地创办了一家名为“三色”（Sunsir）的公司，在“什么赚钱做什么”的套路下，四个人热火朝天从夏天干到冬天，从大三干到大四，公司终于解体，雷军和王全国分了一台286、一台打印机和一堆芯片，结束了这段创业历程。

虽然大学里短暂的创业以失败告终，但雷军的“创业”梦想从未停止，《硅谷之火》仍然在激励着他。20世纪80年代是属于乔布斯的年代，他是全世界的IT英雄，当年的影响力绝不亚于今天，以至于在1990年代初，连盖茨都说，他只不过是乔布斯第二而已。

他把青春都献给了金山，却跟不上互联网的脚步

1992年，23岁的雷军进入金山软件工作。1998年，雷军出任金山软件CEO；直到2007年金山软件上市，38岁的雷军卸任总裁兼CEO职务，转任副董事长；四年后的2011年7月，雷军接替求伯君担任董事长。

在精力最为充沛的这段岁月里，雷军都在金山度过，这对他来说是一段永远不可磨灭的历史。外界和金山人对雷军曾作出这样的评价：如果说求伯君代表着金山的WPS时代，那么雷军则代表着整个金山。在他的领导下，金山软件进一步将应用软件扩展至实用软件、互联网安全软件及网络游戏等领域，并在金山的全面互联网转型的过程中作出了重要

贡献。

1999年前后中国迎来互联网第一次高潮期，新浪、搜狐等互联网公司纷纷涌出，像金山这样的传统软件公司，也经历了从PC时代到互联网时代的转型。在传统1.0软件思维向2.0互联网思维转变的过程中，雷军起到了不可忽视的作用，他用自己的行动完成了在金山每个阶段的使命：金山的快译、画王、金山毒霸、单机游戏、金山网游等，无一不是雷军和他的团队努力的结果，金山词霸更是一直占据着国内广大计算机用户的桌面。

2000年，时任金山董事总经理的雷军给大股东之一张旋龙看了一个15页的PPT，阐述进军互联网的计划，张旋龙对此建议表示同意，于是，转型的大幕在金山拉开。后来成为雷军心中之痛的卓越网就是在雷军的互联网计划后应运而生。但雷军在力主推动金山向互联网转型过程中亦是困难重重，种种计划也难遂人意，金山落后了，整个公司的机制、决策流程，包括管理者思路，都无法跟上互联网的脚步。

但在金山服务多年的雷军，也要给自己青春时代的梦想有个交代，在金山后期互联网转型失败后，他开始助推金山上市，终于在2007年10月9日登陆香港联交所。事实上，正是金山成就了雷军，而雷军同样改变了金山。无论互联网业界怎么风云变幻，今天只要人们提起金山，就不由地想到雷军，他早已成为这家中国历史最长的软件公司的“代言人”。

卖掉卓越，无奈之举却换来第一桶金

在雷军力主金山向互联网战略转型之际，他于2000年发布了“尼罗河计划”，成立了卓越网，要打造中国的亚马逊。卓越网当时聚集了一批业内精英，如原思科市场总监王树彤担任CEO（现为敦煌网创始人兼CEO），原《中国图书商报》“书评周刊”主编陈年担任副总裁（现为凡客诚品创始人兼CEO）等。作为金山最年轻的CEO，雷军认为自己无论是眼光、能力、勤奋不输圈内任何一个大佬，但并未能打造出一家被普遍认可的“伟大公司”，他希望通过卓越网来证明这一点，并投入了全部的精力。

每天上班，雷军都先上卓越网浏览一下；每天下班，他都会召集讨论会；每个新功能、新产品出来，他都会以用户的身份作体验。卓越也在他的关注下快速发展：2000年8月，《东京爱情故事》在卓越一个月的销量相当于北京音像批发中心两个月的总进货量；《加菲猫》3个月销量相当于西单图书大厦同产品5年的销量总和；2000年11月，卓越日销量额突破15万元；12月，日营业额突破25万元。

但这一串串令人兴奋的数字无法掩盖不盈利的事实。2000年的中国电子商务还处在垦荒时期，且由于卓越当时主营的音像/图书产品客单价底，而客服中心、物流中心的投入不断增长，快速增长的销售额很快被不断增长的投入吞没掉，加之金山正在谋划上市，多出一个成本中心显然不是金山董事会愿意看到的局面。

卖掉卓越成为金山股东们最终的选择，2004年，卓越以7500万美元出售给亚马逊。对于当年的这一结局，雷军一直认为对自己是一个打击，“卖掉卓越之后有半年时间，我非常痛苦，有卖儿卖女的感觉。互联网来了，不做互联网就OUT了，巨大的危机感促使我动手做卓越，先是作为金山的一个业务部门试一试，等到我完全想透要做电子商务的时候，金山董事会又不同意。人在痛苦中才会思考，我反思的起点就是从卖掉卓越开始。”

没人知道雷军个人在卖掉卓越一案中获得了多少回报，外界有估计称他可能获利上亿元，如今的雷军则用“福兮祸之所依，祸兮福之所伏”来形容这件事。而正是这颇为无奈的出售决定，给雷军带来的货真价实的第一桶金，才有了做天使投资的足够资本。

“雷军系”隐然成型：“全中国都是他的试验田”

2007年底，金山成功上市后，雷军只担任了副董事长这一虚职。对于这段日子，他不愿多说：“IPO之后，很落寞，迷失了，每天早上起床不知道要干吗。”雷军开始刻意不要司机，每天背个包去徒步，并决定给自己一个休整期，放手干一些自己真正想干的事情——天使投资成了一个不错的选择。

“天使投资只是我休整阶段一个业余爱好而已，”雷军在2008年10月24日名为《我的第一篇博客：天使投资只是我的业余爱好》中这样解释自己做天使投资的原因：一是我喜欢，二是想报恩——“我喜欢琢磨新的东西，也经常为一些自己或者别人的好主意欢欣鼓舞。我没有精力或能力做那么多不同的事情，这些主意闲置在一边常常让我感到痛苦不堪。我曾努力同时做过不少有趣的事情，但我知道，纵使我每天工作24小时，我依然很难让每件事情达到我的预期。我为之焦虑不安。”

“我还非常喜欢聪明能干的人，非常希望有机会和他们一起共事，怎么解决这些问题和排解这些痛苦呢？我最近两三年终于找到了一种方式——就是做天使投资。我可以投点钱，让这些能干的人来做这些有趣的想法，让他们把这些新奇的想法一点点变成现实。每天和这些牛人交流，时时感受他们创业的热情和智慧的火花，时时看到业务一步一步新的进展，这是多么享受的一件事情呀！”

就是抱着这种心态，雷军开始了天使投资实践，用他自己的话说，就是“拎着一麻袋现金看谁在做移动互联网，第一名不干找第二名，第二名不干找第三名”，希望用自己的金钱和经验，创造出几家真正伟大的企业。这些企业沿着移动互联网、电子商务和社交三条线整齐分布。

孙陶然的拉卡拉是雷军天使投资的第一个项目。2004年底，雷军和联想投资一起投资了1600多万元，当时的拉卡拉想做一个便民的支付网络，在家个便利店里放一台支付机具，让老百姓百米之内就可以办理各种公共事业缴费、网购账单支付等业务。2007年拉卡拉开始铺设支付网点，到2008年底已经开通16个城市1万多家便利店。

再之后他又投资了俞永福任CEO的UCWEB（两位最初的创始人是梁捷与何小鹏），陈年的凡客诚品，毕胜的乐淘等。如今在雷军周围，已经形成了一个由凡客、乐淘、UCWEB、多玩等17家公司CEO组成的圈子，他们被业界称为“雷军系”，同时在做互联网，又经常一起交流，甚至形成合作。雷军戏言“无一失手”，尽管这17家公司还未有一家上市，但已经有像凡客诚品这样估值超过10亿美元的企业，UCWEB也在手机浏览器市场领先，乐淘则在鞋类电商网站中数一数二。再过几年，雷军就该等来天使投资的收获期了。

2011年夏天，易凯资本董事长王冉曾在微博上说：“全中国都是雷军的试验田。”此话不无开玩笑的成分，而对于所谓“雷军系”的说法，雷军本人赶紧否认。他更希望外界认为他做投资是无心插柳的行为，而不是有意为之的布局。他甚至说：“那都是朋友之间帮忙，你就把我当成一个热心的大婶好了。”

雷军投资风格

一、介入很早，而且一般是自己觉得某个想法比较好去找一个合作伙伴来投资，更像一个创业者身份的投资人；二、苦练了内功的人找到雷军，雷军与对方一起研究方案，然后雷军掏钱注册再开始运作；三、一般只投熟人，不熟不投；四、投资判断主要看人和团队；五、不是专职职业天使投资人，天使投资只是业余之外做的事。

徐小平

我人生的树枝上，挂满了因为信任滋长的甜美果实

我有一个了不起的发现，只要创业者不死心，人不死，不放弃，总能成功。但是如果做人失败，别人对你死心了，那你也不行。我做了五年创投，有一个经验：事可以失败，做人不能失败。创业是极其艰苦的过程，只要你做人不失败，周围的朋友、亲戚、投资者、合伙人，其实还会和你一起奋斗，一起走下去。几个著名的故事都是创业者两三次失败了，钱烧光了，合伙人崩溃了，但是继续坚持下去，继续寻找投资，最后获得成功。

微心得

我觉得自己天生拥有信任他人的能力。有时候“轻信”也许会带来损失，但我总会告诉自己：我人生的树枝上，挂满了因为信任滋长的甜美果实。少数苦果难掩满园丰硕——在人际关系中，信任就像春风，只要你浩荡地吹拂，定能化开千年冰封，催开万紫千红。

创业者必须天天在一起。有家创业公司，创始人一个在国外，一个在国内，遥控着做了三年，没有起色。我说：创业就必须高度集中，天天厮磨在一起，绞尽脑汁想方向、想方案，逢山开山，遇水涉水，即使互相争吵，往往也能吵出灵感和突破来。

最好的创业团队，应该是两三位为了理想敢于冒险者。等待条件再创业，说明创业时机还没到来。天使投资风险极大，创业者自己敢于冒险，展示的是信心和决心，更容易打动投资人。

创业者需要很多素质，其中三点必不可少：1.必须有诚信（integrity）；2.必须有承诺（commitment）；3.必须有坚持（persistenc）。诚信不用说；承诺是义无反顾的投入，心有二用者绝不要创业；坚持，即到了黄河也心不死，不断摸索调整，失败了就再来，成功总有可能。

最近和一家VC的朋友往来很多，我发现我们在决定投资时的思维方式真不一样。我基本只看这个想做这件“事”的“人”，而VC更关注这个“人”做出来的“事”。重点不一样。

天使阶段只有梦，没有数字，所以，只能看人。

遇到几个创业者，在股权结构上，一开始就让投资人占了控股权，丧失了事业的控制权，公司做起来后，却被投资人赶走了。创业，本来就是为了做自己命运的主宰，却把控制权拱手送人，真搞不明白。即使你不得不融资，也必须像刘强东那样，股份让多少都可以，但一定要保留投票权。

有时候我会矫情地想：投资人不就是无耻贪婪的资本家吗？但反过来一想：自古做生意要本钱。本钱就是capital（资本），有capital的人，就是capitalist（握有资本的人）。多少人没有本钱做不成小买卖，多少人因为有了投资实现了人生大梦想。没有投资人，创业怎么办？硅谷的今天，天使投资是原始动力之一。

前几天，有个创业项目要我投资，但不肯给我商业计划书，因为他怕“泄密”。我说：信任力也是一种能力。如果你连我都不信，你还能信谁？学生热烈鼓掌。信任人的能力，是一种非常重要的能力。如果你总是疑神疑鬼，谁都是鬼。

能为我赚1000倍的年轻人，必将能为自己赚取1万倍

一个小伙子有想法要创业，如果没有资本的话他只能拿着竹矛去抓野兽，只能用最原始的方法来打造他的梦，这时候他和树上下来的野人没有区别。这个时候如果有天使降临，给他资金，对于一个创业者来说，就完全不一样了。李彦宏走出美国的“山洞”回到中国，他在想谁给我50万美元该多好，如果他没有这50万美元永远不可能回来中国，就创立不了百度。所以说，没有共产党就没有新中国，没有天使投资人就没有新产业。

社会上的新产业是哪里来的？一方面是国家给钱扶持的，叫政府拨款，这时可以把政府也看做天使，只不过这个天使有几个特点：它是政府意志，不是公平竞争，效率相对低下。用财政拨款来创造新企业，一半是投资意义上的天使，一半是效率意义上的魔鬼。只有民间资本进入天使投资领域，才能最大化地促进创新，创造新产业——看看硅谷的发展就能理解这一点。

资本的力量无处不在。我不是把资本神圣化，但自己有钱的创业者毕竟是少数，绝大多数的创业天才是需要资金帮助的。从这一点上讲，天使投资是一切新产业的源动力的另一极——第一极是科学家，第二极就是投资人。

我认为，做天使投资，首先得要有一种“爱”和“给”的思想。有“爱”又能“给”的是什么样的人呢？是那些VC/PE培养出来、感受过资本恩惠的人。比如说我，如果没有老虎基金投资新东方，没有华尔街对新东方的认可，也就没有我现在进行投资的能力。当我拿到这些超过我个人喝咖啡、吃馒头所需的钱时，我意识到，既然老虎基金能在新东方赚个10倍、20

倍，那么我投资出去的10万、20万也可能变成200万、400万。

风险投资在中国不过才有十来年的发展，真正享受过资本恩惠、经历资本启蒙的人还不多，我算其中一个。所以我做天使投资的心态是：我不上天堂，别人就要上了！我要捷足先登，尽管我经常掉到地狱里去，但是九死一生的人往往必有后福。当我投资时只想一件事情，就是要赚1000倍，那么我作出判断时，就想这个能为我赚1000倍的年轻人，必将能为自己赚取1万倍。

我的工作就是等着被感动

我投这个年轻人，是出于对这个人的无条件的爱，什么商业模式、产品预测、市场份额预测……这些在天使投资阶段都不靠谱，唯一靠谱的是这个人是不是一个能成事的人，从这个角度讲，我的投资完全是对于这个创业人的无条件的爱，但这种支持不是慈善，天使投资不是慈善。

我曾投资了一个早期项目网站“36氪”（www.36kr.com），现在上千家公司在用他们的产品，十几家VC在找他谈。我最早时就给了11万人民币，根本没有谈要占多少股份，我的基本心态是：即便你觉得这些都没谈好我就拿钱出来也可以，这就是我对年轻人在投资意义上的无条件的爱。当然现在我希望他融到资后，这11万元可以或多或少转成一点股份。

这就是我本人的投资风格，不看故事，不看模式，就去看这个人能不能感动我。基于我本人多年来做教育搞咨询，接触了无数年轻人，如果是优秀的、有追求的年轻人能感动我，那就一定能感动世界，那么他一定能成功，我的工作就是等着被感动。

理性而狂热的创业者才能得到我的“爱”

但怎么让我对年轻人产生这种投资意义上的无条件的爱呢？就是那些对自己的创业项目有狂热自信的人，狂热而理性自信的人，要crazy！有两个实例可以说明这种情况。一个年轻人从美国回来找我谈了自己的想法，我说“没戏，绝对没戏”，根本没想投他，半个小时内否定了他七八次，但他非常自信。我后来说给你钱先实习三个月，但他仍然对自己的项目很坚定和狂热，我都打不倒他，当场给了他30万美元。过了两个礼拜，李开复抢走1/3，再过一个礼拜，天使会又抢走1/3。所以拥有理性而狂热的信念的人，才能得到我的爱，我才会投你。

还有一个反面的实例：我问一个来找我投资的年轻人，你这个项目有什么风险？他一拍桌子说，唯一的风险就是不投！我问他这个项目美国有没有？他说没有，我说那美国人不会做吗？他说我两年以后就去美国。我问他会不会英语，他说可以从现在开始学。他就是完全缺乏理性和逻辑，虽然很狂热但没有理性也不行。我后来投给他的50万美元也搭进去了，以失败告终。所以，我劝告天下的投资人，假如你觉得这个人缺乏理性，缺少逻辑，缺少常识，就千万别投他，他再怎么自信也不能投。

如何得到徐老师无条件的爱？就是对你自己的项目要有理性的狂热，狂热的理性。欲感动世界，必先感动你自己，必先感动徐小平，必须自己先感动得死去活来。这个感动既可以是冷酷的坚定，也可以是炽热的想象。总之，你要给我讲一个自己狂热相信的、能让我的常识找不到漏洞的故事。

能让我脑袋发热的人就投资

别人都说我是一个很感性的投资人，什么是感性？就拿《阿凡达》来说，卡梅隆怎么就相信人们会对那个怪物感兴趣，会成为有史以来最卖座的电影？这完全是靠艺术家的直觉。当科技、资本结合了艺术、文学、哲学的时候，会产生意想不到的奇效。我很自豪自己带有艺术的气质，我是学音乐专业出身的，所以我投资全凭直觉，只会看人不会看报表。

创业有成功也有失败，天使投资的项目绝大部分都是失败的。这都不要紧，真正要紧的是创业者本身的素质和观念，就是做事、做人的方法。怎么去判断人呢？我有一套方法，什么审计、调查都不需要，包括你过去的经验都不重要，什么东西最重要？我在跟某个创业者谈话时，如果我看到他就脑子发热，基本上都会投。现在回头看看我投过的30多家公司，我发现脑子一发热就投资的公司基本都成功，而凡是要回去想一想、研究一下的公司，最后往往都不怎么好。

我有生以来第一次投资，是给一个搞教育的浙江小伙子。他要做互联网，但不懂互联网；我不懂投资，但要做投资，我们两个一拍即合。我给了他100万元，后来又追加了100万元，那个项目如愿以偿地失败了。他又回到了本行搞教育，2011年收入好几千万，做得风风火火，现在把我最初给他的投资转股到这个新的教育项目里来了。我从来都没有对他绝望，就觉得这个家伙肯定能成事，因为他有种打不死的精神，我就欣赏这个小伙子的精神。这就是一种直觉，对人的判断的直觉，也许在某个项目上不成功，但他一定会找到正确的方向并将目标实现。

还有一个项目，这个小伙子有想成功的狂热精神，同时又有实干能力，做了五六年美术培训，每年也就是几十万收入。我看了这个项目，听他讲了创业故事，就深深地被他所做的事情感动。但这个小伙子他有点土，我开始并不是很喜欢，觉得他做不了大事，但是他身边有个他多年的同学，是我的朋友（现在是他的联合创始人和董事），给了他一个大大的推动，我最后就投了四五百万人民币。他们现在做儿童美术品方面的项目，我每三个月见一次这个小伙子，觉得他正在成为这个领域未来的巨人，有几家VC正追着要给他亿万级的融资，离我投资他才不到两年。他很执著，再加上有一个很好的助手，这也是完美的投资。

我用真金白银表达对你的信任

哪些人才能做天使投资呢？我认为，就是要有爱与付出的情怀和情结的人。对上帝的宗教信仰就是faith，信徒对上帝的爱是世界上最伟大的爱，所以，我觉得天使投资人最重要的是faith。所以，做天使投资需要一种素质，这种素质就是trust（信任），更高一层的trust就是faith，其实就是“I have Faith with you，trust you”（特指的是我在这件事情上对你有信心和信任）。所以说，要拥有信任他人的素质和能力，对人有信念，才能做天使投资，这个叫做“T商”。

有句话叫“诚信能赚钱”。在没有英雄的时代，我想做这样一个人，在信任稀有的时代，我的信任就像钻石一样值钱，也就是“Trust=盈+亏=Gain”。我还喜欢一句话，叫做“把命运交给陌生人”。有一件我自己亲身经历的事情：1978年是恢复高考的第二年，我到中央音乐学院去考试，当年这所学校在全国只招10个人，我是22岁的高龄考生，另外还有个29岁的。我面试完就觉得没戏了，因为要等三天才公布复试结果，那时候我没钱住宿，就把电报地址给了那个29岁的考生，跟他说如果复试名单里有我就给我发个电报，然后我就回家了。结果回到家里家人就说，这个人不会给你发电报的，你们是竞争对手。结果等到发榜那天下午，三五点钟左右，电报来了，没有署名，就是说赶快来参加复试。给我发电报的这个29岁的考生就是现任中央音乐学院院长的王次炤先生。我特别喜欢这个事例，信任是一种能力，是一种罕见的素质，成功者基本上都有信任人的能力。

你信任他人可能得到回报，肯定也会有被骗的时候，但是我要说，在信任者的人生账户里，永远是盈余。我这种观点在很多地方都表达过，也有人说你被人卖了都不知道什么的。我认为，这种人不会成功。因为他总是在质疑，人生永远在否定，也就永远被否定；你不信任人，就永远得不到信任，也得不到信任所带来的回报和乐趣。

所以，有“T商”的有钱人能成为好的天使投资人，也能有好的回报。信任人的能力既是一种本能，也是一种技能。本能是学不来的，但技能是可以学的。就像电影《夺宝奇兵》里，有个情节就是主人公哈里森被人追杀，他前面就是悬崖，如果他不跨出去就会被杀，但是跨出去可能就是万丈深渊，最后苏珊让他别怀疑跨出去他就做了，结果是他活下来了。对他人的信任和对自己的信任很重要，可能最后就是你的不信任把你杀了。

曾经有这么两个人来找我投资：一个上海交大毕业的，一个清华毕业的，还分别是杜克大学和普林斯顿大学的博士。他们要的钱很多，我一看这个项目就觉得特别烂，但他们坚持自己能做成功。我就答应给他们投资，等他们回国以后，身边所有人还是说这个项目不能做，这时我是选择继续信任还是动摇？最终我还是把钱打到了他们的私人账户上。我承认有过一丝动摇，但是我信任人的能力发挥作用了：第一，我已经答应对方了，我得是一个值得信任的人，我既然信任他人还不信任自已吗？第二，都是从名校出来的，素质应该都不差，他们一定能做出东西，而且一个拒绝10万美元年薪的人，他怎么会骗钱跑路？我认为他们值得我投资，因为他们属于值得信任的人。“I trust you with money”，也就是说我用真金白银表达对你的信任，仅仅在口头上说“我相信你能做好”，那是虚伪的。

信任是创业最宝贵的财富
——最感性的天使投资人徐小平

“帮助青年人创业，创造新的奇迹”——这是徐小平写在自己微博简介中的文字。作为新东方的联合创始人，他已经帮助众多年轻人实现了自己的出国留学梦。从新东方退休后，他又创立了真格基金（ZhenFund），希望继续帮助那些揣着创业梦想的年轻人。

从徐老师变成天使投资人，他认为这是“继新东方之后实现自我、同时也继续帮助年轻人的另一种方式”。谈到如今投身的事业，你能感觉到他一贯的激情：“新东方创业的时候我40岁，还勉强算个青年，但是当新东方上市我年过50的时候，我在天使投资这件事情上再次焕发了灿烂的青春！这激发了我炽热的活力，参与到整个中国创业大潮的洪流之中去，并且体现自己的价值在里面。”

徐小平出版过数本著作：《美国签证哲学》《美国留学天问》《图穷对话录——我的新东方人生咨询》《黄金是怎样炼成的——对一个成功者的赏析与非议》等，他也热爱发微博。在徐小平的字里行间，凸显着三个主题：青年教育、人生选择、创业投资。

37岁，从男孩到男人

徐小平1956年出生于江苏泰兴，曾在当地文工团做一名小提琴手，1978年国家恢复高考后，他报考了中央音乐学院，最终被该校音乐理论系录取[1]。

1983年，即将大学毕业的徐小平面临几个选择：搞学术、到文化部群众文化司当干部、到音乐出版社。为了对得起自己的社会理想，他去了北京大学，先后担任艺术教研室教师、团委文化部长、艺术团指导，一干就是五年。

1987年，中国涌起第一波出国大潮，无数怀有梦想的年轻人希望走出国门到大洋彼岸去接触全新的世界，改变自己的命运。徐小平也作了这个选择，1987年最后一天，他到达美国俄亥俄州。在美国的几年徐小平可以用“碌碌无为”来形容，之后他和妻子、孩子分别在美国、加拿大定居。

而事实上，从到达美国的第一天，徐小平就很想回中国，因为自己的音乐理论专业在美国派不上用场，更何况改革开放后的中国经济一路高速增长，无数留学生都希望回到国内大干一场。1993年，徐小平只身回到中国，开始了自己的第一次创业。

这次创业却在非常短的时间内就无疾而终，宣告失败，徐小平自己解释

1　有关徐小平考试的过程，请参考前文。——编者注

原因是：合作伙伴欺骗了他，“说自己有资产几千万，结果全是负资产”。创业失败的徐小平只能回到加拿大，那一年，他已经37岁了。

一直到这时，徐小平的人生都还是“山重水复疑无路”：满怀憧憬考上大学，毕业后去了北大但没有真正做过老师；出国后依靠自己的专业也无法找到立足之地；拿到硕士学历，找不到工作决定回国创业，结果创业失败；已经退休的父母和妹妹妹夫住在一起，看着徐小平事业失败，爱莫能助；徐小平的小儿子寄养在江苏老家，妻子带着大儿子在美国。对这位已经37岁的中年男人来说，这种状况是自己面临的前所未有的低谷，徐小平认为是自己人生最黑暗的时期，“使我完成了从男孩到男人的过程”。

生活注定要经历黎明前的黑暗、煎熬、痛苦与坚持，才终会迎来破晓的光明，而徐小平的黎明是由一个叫俞敏洪的人为他带来的。

新东方：徐小平的一半是俞敏洪

俞敏洪出生在江苏江阴，与徐小平的老家隔江相望，他俩在20世纪80年代是北京大学的同事。1993年，也就是徐小平第一次回国尝试创业的那一年，俞敏洪从北大辞职，决定创办一所专门针对留学生英语培训的学校——新东方，他从街头贴广告干起，逐步办得有声有色、渐成气候。随着新东方出国英语培训的名气和招生规模逐渐扩大，俞敏洪发现针对学生的留学咨询相关业务必不可少，要想开展起来，他需要寻找一位合适的合作伙伴。

1996年，徐小平应俞敏洪之邀加入新东方，为此后者还专门召开了一次全体教员会议，并对大家说：“这是徐小平，新东方最有思想的人。”这句话直击徐小平的内心，他发誓，在新东方，自己可能不是讲课最好的人、最有魅力的人，但一定要做最有思想的人。也正是因为这句话，两人开始建立起友谊，徐小平决定把自己的信任投在俞敏洪——这个看起来不太起眼的前北大英语教师的身上。

谈到俞敏洪，徐小平毫不犹豫地表示："徐小平的一半是俞敏洪。"他把老俞当做朋友、创业合作伙伴，更当成自己的偶像和对手，"做梦都想帮助他，但做梦也更想超越他。"

后来，随着新东方的急速成长，在如何继续发展的问题上几位创始人之间产生了严重冲突。2001年10月，徐小平被迫离开了新东方董事会。他为自己的兴趣——写作找到了时间和空间，2002年出版了《图穷对话录》，而在这一年的教师节，新东方又把徐小平请了回去。对于中途离开的这段经历，徐小平认为和乔布斯中途离开苹果的意义一样："它在更高层次上造就了我。"

2006年，新东方在纽约股票交易所挂牌上市，持股10%的徐小平随之成为亿万富翁。新东方上市给徐小平带来最直接的快乐就是资本的积累，但对财富和金钱的追求又远不是他的终点。对于这位自始至终希望做点事，并且是为青年人做点事的徐老师来说，他渴望找到继新东方之后另一件能让自己的价值得以发挥并且最想做的事情。

徐小平自己很清楚，这就是继续帮助青年人。撰写心灵鸡汤类的文章和书籍帮助青年人，为青年人作人生职业规划咨询，为偶尔找到自己的年轻人借点钱支持创业……所有这些在他看来都是理所应当的，而真正让徐小平意识到用天使投资的方法，完全是在后来与年轻人的接触中无意形成的。对于自己在新东方创业成就的巨大财富，以及面对越来越多青年人的创业梦想，徐小平为自己找到天使投资这条道路感到前所未有的兴奋和激动："天使投资是我在新东方之后继续帮助年轻人并以此来实现自我价值的另一条路。其实我投资的是我自己，投资的是自己未遂的青春梦想。"

天使投资动“真格”

对于做天使投资这件事，徐小平经历了从偶然接触到专业投资，从零散项目到成立专门的天使投资基金，从误打误撞到游刃有余的不断学习的过程。

2006年，有一位想做互联网电子杂志的浙江小伙子找到徐小平要投资，那时徐小平对互联网这个行业还不太了解，但因为这个小伙子出身农村，具有强烈的奋斗意志和对创业的执著，他先投入了100万元，后来没做好，徐小平为了鼓励这个小伙子又追加投资100万元，不过最后这个项目还是失败了。之后徐小平又陆续投资了一些零散的创业项目，他更多是因为被创业者那一瞬间的激情和执著而打动，才作出投资决定。有一个创业者曾反复约见他，明明知道项目不可能成功的徐小平，还是被这份勇气和执著打动，出手投了下去，结果迅速失败了。

尽管相对来说资金不多，但这些百万级别的投资失利还是给徐小平带来了巨大的压力，初尝丢钱滋味的他甚至不知道怎么对太太交待。2006年之后的每年春节，徐小平都会暗自赌咒发誓再也不投资任何项目了，可是每年春节一过回到北京，一见到让他激动的项目和创业者，他就忘了自己的誓言，再次被“参与”的兴奋淹没，一笔一笔地投出。

徐小平的坚持最终换来了回报。2008年年初，徐小平在2006年投资的兰亭集势得到了策源联创的A轮风险投资，而公司的整体估值在两年间增长了20倍！徐小平由此初次品尝到了天使投资带来的快乐，坚定了继续做下去的信心。

2007年，新东方另外一位创业元老钱永强找到徐小平，前者投资的世纪佳缘即将进行A轮融资，问徐小平有没有兴趣。徐小平非常认同世纪佳缘创始人龚海燕的人生经历：她先在工厂打工，后来复读考上北大，再考上复旦研究生，然后为了自己找对象做了一个网站并实现了目标，从此决心把这个模式送到千万有情人那里，做天下最大的红娘。这是徐小平最欣赏的创业者类型。几天后，徐小平就将钱打到了世纪佳缘的账上。2011年，世纪佳缘在纳斯达克上市，徐小平第一次尝到了“投资退出”的滋味。

此外，徐小平还投资了聚美优品、休闲食品网店“12点”、维棉、赛龙手机、红黄蓝教育机构等。在他投资的30多个项目中，有些已经启动上市程序，有些正在作上市准备，有些则完成了第二轮、第三轮融资。据估算，这些公司的总估值已经远远超过10亿美元。

2010年10月，徐小平横穿美国大陆，在哈佛、麻省理工、宾大、哥伦比亚、斯坦福、伯克利六所美国名校，进行了名为“中国创业故事和天使投资机会”的演讲。之后他正式宣布设立“真格天使基金”，同时宣布邀请100名向他提交创业计划书的留学生，回国参加他于2011年5月在北京举办的“留学生创业论坛”。2011年11月，他再次率领真格团队，走遍了美国八所常春藤学校，再次掀起中国在美留学生回国创业的浪潮。

徐小平这样解释“真格”的含义：真格是一种integrity，是一种兑现承诺的行为规范，是以“信任”为核心价值观的人格完整性，这是中国社会和中国教育最应该倡导的核心价值。在很多创业相关的场合，我们都能看到徐小平奔忙的身影，他也会不遗余力地向每一个年轻的创业者讲述他的投资理念：信任是创业最宝贵的财富。

“如果每一个我对话过、投资过的年轻人的状态都是被照亮、‘be inspired（被激发）’的状态，那他们的人生就是完全不一样的，它会变得更美丽、更charming（有魅力）、更active（积极），也就能得到更多机会，就更加接近成功，这就是我对他们的意义。”

徐小平投资风格

一、投资判断非常感性，很多时候投资与否的标准就是凭自己的直觉判断这个“人”能否让自己激动和感动；二、与其他大多数天使投资人“只投熟人，不熟不投”不同，他投资了很多陌生人；三、投资完后对企业和项目过问较少，不会太多干涉和介入企业的发展与运营；四、专职的天使投资人，成立基金专门做天使投资。

曾李青

天下武功唯快不破

三人团队是最佳组合，而且还要有排序：老大懂产品，老二懂技术，老三懂市场和推广。

根据我的经验，有很多情况不能进行投资：1.富人二次创业；2.大学生没打过工就直接创业；3.夫妻公司；4.单一股东太大，创业团队的能力覆盖有明显缺陷；5.创业者很自负，认为自己比马化腾还强。

在职业生涯里，我扮演过多种角色，打工者、创业者、投资人等，这是一个人的成长过程。打工，是为了生活；创业，是为了实现理想；成功后投资，是回报社会，把过去的经验和资本交给年轻人。

小业靠勇，中业靠智，大业靠德。能做成多大的事情，创业公司和创业者正直的品德很重要。

我们和创业者沟通时更多讲的是方法论，让他们自己去思考、去作分析、去作判断。我们从来不越界，他们的生和死必须要由自己负责。

我们投的钱只够你这个公司干一件事情，如果不成功就要关门，第一件事情成功了以后才有可能讨论来干第二件事情。所以，我们只给创业者一次机会，创业者要对这个事情最专业才行，不成功再去转型还不如直接关门。

天下武功唯快不破，要以最快的速度静悄悄地迅速占据市场。最可怕的敌人是黑暗中拿着利器和利剑的人，所以要很迅速、很安静地进入市场。

人品要很正，品德要高尚，我们对品德的要求很高，我们是不会和一些品德不高尚的人一起合作的。

我们更希望创业者要有职业经理人的心态，不要天天觉得自己是老板。

刚开始做天使投资的人，要作好最开始至少交几千万元学费的思想准备。

创业成本越来越高，天使投资可以帮助新创业者

每个人对天使投资的理解不一样，我的理解有这么三点：首先是很早期、高风险、高回报；第二，一般情况下都是行业内有经验的从业人员转型出来，必须具备对行业的了解才能够比较好地去做投资；第三，我同意雷军的观点，做天使投资有1/3是在做慈善公益事业，也就是你的钱是从这个行业来的，有一部分要再回归到这个行业里帮助一些企业。

从现在整个社会的发展来看，创业的成本一直在上升，没有天使投资人有些项目真的不太可能做起来。现在随便一个项目启动都要二三百万元，一个毕业四五年的大学生纯粹靠自己的积蓄比较难，拿不出创业所需的资本，所以现在越来越需要天使投资人。

天使投资的作用和意义很大：一是让更多的资本进入股权融资领域，中国企业传统的融资渠道只有银行贷款和企业发债；二是增加了年轻人实现创业梦想的机会，现在的社会成本结构导致自己创业很难，而天使投资对新创业者的帮助很大；最后，让整个行业的发展更健康和活跃，而不是只有一些巨头控制和垄断，这对行业是一个有效激励。

天使投资在美国的发源也是在电子、计算机行业发展之后，覆盖的范围更广泛，而我们国家现在天使投资都大部分还只在TMT（Technology，Media，Telecom）领域，而且美国资本聚集和散去的速度更快，资本的力量很强，十几年就出一批新公司，资本流动性和资本效应的附加效果更强。在美国如果有一个巨头快起来了，其他VC就不会再乱投相似的企业，但在中

国任何行业竞争都很激烈，相对来说产生创新企业的速度也慢，因为巨头进入的速度快，所以你永远很难超过巨头。

我认为，天使投资成功与否的标准有三点：能否培养出优秀的企业和企业家是唯一标准，其次是自己做得是否开心和快乐，最后是能否获得社会对自己的尊重和认同。

只投两类："前腾讯员工"+熟人推荐

我做天使投资的目的主要不是想赚钱，而是想打发时间，纯粹是为自己找份工作，顺便做得好能赚点钱，有份工作干，对社会还有点贡献。从现在的情况看，我们做得很成功：比如淘米网上市了，我们三年前总投资额600万元左右，上市时总市值已达3亿多美元；像第七大道两年前我们投了200万元，2011年卖给搜狐畅游，我们获利1亿元。

我们现在只投资两类项目：一是前腾讯员工创业的项目，二是业界朋友和熟人推荐的项目。其他的项目连看都不看，直接给我们发邮件，也没用。第二，我的投资规模更大，一般天使投资人投个几十万元、一两百万元就算多了，我们从200万至1000万元都有。第三，我们过半的项目都是从发起那一刻就开始投资，往往项目是"Co-Funding"（联合创始），因为我们只在一个很小的行业做，只在我熟悉的、细分的行业做，没有经验的就不投，所以我们比创业者更懂得行业。目前，我们过半的项目是联合创始的，其中相当多公司的第一大股东是我，有点像我带着他们创业。但不能因此叫控制型天使，像我们的网游项目，钱全是我投的，是第一大股东。如今资本的力量在加强，创业者的力量相对在减弱，现在只要有风险投资进入的项目，创始团队拥有控股权的都在减少。

做天使投资需要很强的信任，像我们投资的项目金额都很大，所以信任和沟通尤其重要，不会每个项目都派财务去监控。这也是为什么我对“前腾讯员工”这么情有独钟的原因，因为腾讯有良好的企业文化，公司的管理机制、培训、能力提升、品质教育都相当出色，在这种文化的熏陶下，大家的人品、做事方法、能力各方面有基本保证。同时，我们投资的企业对腾讯的员工也有一定的影响力和吸引力，这样我们能保证在一些技术上的互相信任和沟通。其实，一开始时我并没有刻意地说要偏向投资“前腾讯员工”的项目，后来做了一段时间，回头去看时才发现有这个共性。

拿了别人的钱就不要拿我的

我的投资金额，跟机构和基金的投资规模在一个数量级上，因为我可用的现金比较多。德讯投资基金的钱全部是我个人的自有资金，也有人找过来说放一点钱进来做，但我不想有压力、被考核，我希望自己生活轻松点，今天高兴了就多投点，不高兴就不投了。我觉得天使投资在这种状态下应该是最好的，如果从外部募集资金来做，就得有各种承诺和汇报，就很麻烦，毕竟天使投资是一种艺术，不是科学。

我们一般只投最早的一轮，后面不会再跟投。我们的做法也和其他人不同，我们从来不后悔某个项目没有投，如果你拿了别人的钱就不要拿我的钱了。而且我们投的钱只够你这个公司干一件事情，如果不成功就要关门，第一件事情成功了以后才有可能讨论来干第二件事情。所以，我们只给创业者一次机会，创业者要对这个事情最专业才行，不成功再去转型还不如直接关门。

投资进入后，创业者是管理者，我们是董事会成员，日常管理还是他们做，双方的互相认同和尊重很重要。如果他们不认同我，我也不认同他们，这个合作就非常难。很多我投的公司的人见面都管我叫老板，我经常说创业者有两种心态：一种是投资人是老板，他们是创业者；还有一种是他们是老板，我们仅仅是投资者。其实，我们更希望创业者有职业经理人的这种心态，不要天天觉得自己是老板，因为我们对行业很了解，能够对他们有较好的帮助。但这并不代表创业者只是为我们打工，他也是重要的股东，只是在有些项目中，我们投的钱多一点，是第一大股东，但并不控股，一般首次投资占股比例在25%～35%之间。

给创业者全方位服务："给钱＋培训＋生活帮助"

我们对创业者的帮助主要有几方面：每半年有一次会议，所投50多家公司的CEO、高管见面沟通探讨，可以相互交流学习。像2010年淘米网的CEO汪海兵的发言，很多人都觉得收获很大。另一方面，促成体系内的公司密切合作，尤其是游戏产业上下游之间的合作。我也会给他们战略、产品、定位方面的意见，但也坚持一条，他们是创业者，我们只是导师，命运由他们决策，他们要为公司的生死负责。对于小公司来说，我有一个原则：公司第一款产品没做好之前，我们不和他谈任何事。

另外我们在内部建立了一套针对创业公司的完善的培训体系，对创业者每季度安排一次培训，这一点非常独特，因为我们发现很多创业者需要一些基础训练。我们有专门的培训教室，建立了一个学习与发展中心，每年花几百万元在培训体系上，培训内容包括领导力、管理和业务等，都是免费的。同时，我们还会给创业公司提供生活上的帮助，像2011年给应届毕业生提供了400多个床位的集体宿舍，还安排免费班车，有4个人的招聘团队帮助创业公司招人和做猎头服务。总结起来，我们对所投资的公司基本是“给钱+培训+生活帮助”。

最后就是帮助创业者建立起自己的管理架构和管理能力，很多创业公司的创始人都不太有管理经验，如果团队不太强我会帮他们找人。另外，后续融资的时候，我会帮他们去和VC谈，像淘米网就是我代表创业者和启明创投谈具体的细节。

但我们和创业者的关系处理上有一个说法叫：密切沟通，保持距离。我们更多是在董事会层面发挥作用，但是要密切沟通。我们希望更像是一个老师，不断给他意见，同时我们也会定期要求看他们的财务报表。

三大独门秘笈：快、小而强、细分市场

我经常被问到如何应对BAT（百度、阿里巴巴、腾讯）状况，就是我们投了一些新创业的公司，但是如果被百度、阿里巴巴、腾讯这样的互联网巨头看到机会，它们可能会立刻进入并很快占领这个市场。该如何规避和处理这种风险？我们的秘诀是：

第一，就是天下武功唯快不破，以最快的速度静悄悄地迅速占领市场。淘米是个典型的案例，创业的第一年我就要求汪海兵比“快”，外面都不知

道他在干什么，我这边的人也不知道。最可怕的敌人是黑暗中拿着利器和利剑的人，所以要很迅速、很安静地进入市场。我看淘米现在压力就很大，毕竟外面知道他在做什么业务，腾讯也想进入这个领域，但淘米已经上市了，初步建立起了自己的地位。

第二，就是建立一个巨头不可能像我们这样布局的战略，要做小而强、小而巧的事。有些事情巨头公司在整体上不可能跟着你去做一样的布局。我还是以淘米举例，最开始围绕淘米的品牌建设、线下电影展开布局，而对腾讯来说儿童游戏社区只是它规模业务的一条线，如果在这条线上还要展开，它的组织能力和组织结构就会庞大而复杂。所以，创业公司要做小而巧的事情。

第三，就是做一些大公司不太关注的细分市场，自己就能够很好地活着。这个年代，想做家公司能超越这三大巨头公司已经很难了，你要善于从这个市场里找到适合自己生存的一个职能。一些声势很浩大的公司不顾一切冲上去不大容易成功，做细分市场反而会成功，像淘米网就是专注儿童游戏领域。纯互联网里其实基本没什么投资机会，做足够窄的细分市场，一方面能形成上下游的合作，另一方面能形成在这个领域里别人无法进入的门槛。投资要做成功，首先要有准确的细分市场产品，同时要有超强的团队，即“尖刀+榔头”，像我选择的网页游戏这个领域的特点是启动资金规模大，一般300万元起，大多在500万至1000万元之间，二是时间周期短，游戏公司即使上不了市，也可以通过分红得到回报。

识人四招：情商、智商、背景和经验

我们要帮助的是有远大理想和有潜力的年轻人创业，培养优秀卓越的企业和企业家。

如何判断一个人是否有潜力，我们主要看他的四个方面：情商、智商、背景和经验。我们对品德的要求很高，人品要正，品德要高尚，主动能力强，要有积极正确的人生观和价值观。

我们具体的投资判断标准是：第一看市场和大方向，要看相对细分和蓝海的市场，不要做太红海的事情，是否有做新公司的机会，公司能否很快有现金流。

第二看团队是不是有执行能力和经验，比如淘米的汪海兵原来在腾讯是做"QQ宠物"的，比较有经验和执行能力。创业团队完成自己要做的事情应该有百分之百的能力覆盖，不能有任何覆盖不到的部分。

第三看是不是有一个正确切入市场的产品。

我们对"人"的要求很高，不能为了利益而丧失品德，而且人的重要性还关系到投资后公司的发展，当你公司稍微大一点的时候，人的能力差异就更显现出来，公司从10个人增加到100人，100人再壮大到500人，你能不能驾驭和管理这个公司？这个能力很重要。

只投团队组合：腾讯式"产品+技术+市场"经典三人组

我们从来不投单一创业者，我们总结的经验是必须要有团队搭配，三人团队是最佳组合，具体分工是：老大一定是懂产品的，老二是懂技术的，老三懂市场和推广。腾讯当年也是这样：马化腾管产品，张志东管技术，我负责市场，这是有道理的。

我们还有一个要求，叫“两层创业股东”：第一层是核心创始人，第二层是一些创始员工，他们虽然不是核心高管，但是最初创始员工也要是第二层的小股东，企业要想吸引并留住人才，就要有利益锁定机制。

另外，我反对破釜沉舟式的创业。所有项目都会有失败的概率，不可能所有创业的人都成功。当公司失败时，第一需要妥善安排好你的员工，对我们来说投资失败后笑笑也就过去了，不可能希望所有项目都有好的回报，有失败经验的积累可能对下次的判断有提升。我对所有的创业者都说，做几年能成功固然很好，但如果不成功就重新去打工好了，要抱着比较轻松的心态来创业。

对于正在寻找天使投资的创业者，我想提点建议：一定要拿职业天使投资人的钱，一般来说比其他的钱好；而且要有正确的心态，天使投资人是来提供帮助的，不是来瓜分利益的。对于想做天使投资的人，我的看法是：一、没钱当然不要做；二、刚开始做的时候作好要交几千万元学费的准备，一旦做好了回报也可能非常高。

“独步天下”不是一天练成的
——腾讯联合创始人曾李青的“牌局”

“失败是必然的，成功是偶然的，创业成功是1%的能力，99%的运气，我们获得的财富实际上并不是我们的能力，更多是我们的运气，所以说并不是我们天生能力比别人强。”腾讯联合创始人、前任COO（首席运营官）曾李青如此坦言。

也许人生就像一副牌局：不在乎你胡了几次小牌，而关键的“大胡”只要有一次就足以造就巅峰。曾李青就是这样，除去大学时期一次“非正式”创业外，第一次创业就“恰巧”做了腾讯。随着腾讯成为全球市值第三的互联网上市公司，包括曾李青在内的几位创始人就都成为身价亿万的富豪了。

在2007年成为腾讯的“终身荣誉顾问”离职后，曾李青创办了德讯投资，开始专注做天使投资。到目前为止，曾李青先后投资了上百个项目，包括北京太美、拉特兰、淘米网、快播、呈天游、第七大道、广东卓越教育、贝瓦网等。其中有些项目已经看见了收获，比如淘米网已于2011年6月在纽交所上市，第七大道则被搜狐畅游收购。这都让曾李青感到了人生的第二次巅峰，“淘米网是我投资的最自豪的项目”。

虽然自己早已是众人眼中的成功人士，但曾李青认为那些大谈成功学的人都是扯淡和事后英雄。如果一定要他总结自己的不同之处，曾李青说了三点：做事认真信守承诺，乐于沟通有分享合作的精神，努力做事坚持到最后。“做天使投资，过程比结果更重要，在任何过程当中，永远保持内心的平静和快乐最重要。”

腾讯前传——典型青年的职业经历

1970年1月，曾李青出生在位于广州郊区农村的广东省客车厂一个普通的家庭里，他一直在这里生活到小学四年级。一次姨父姨妈到家里玩牌，很快就把游戏规则和逻辑关系弄清楚的曾李青让姨夫觉得，把这个小孩继续放在农村太可惜了，于是将他转到城里上学，进入了广铁一小。曾李青认为这是自己人生的重大转变：“如果我不到城里，后来就考不上省重点中学以及考上大学，就不可能有后面的经历。”

从广铁一小毕业后，曾李青于1983年考上了广东省排在首位的重点中学——华南附中。自认天资不太聪慧的曾李青觉得，正是这所学校的教育成就了自己日后非常强的数理和逻辑思维，因为当时教育实验班在数理方面的基础培训非常好，他还多次获得过广东省物理竞赛第一名或第二名。曾李青一直感谢华南附中的基础教育和影响，并在2010年出资100万元在母校发起成立了一个教育基金会，现在这个基金会已经有2000万元的资金。

1989年，曾李青高中毕业，未能进入第一志愿报考的清华大学，就去了第二志愿西安电子科技大学，学习计算机通讯专业。在这里，曾李青开始了第一次创业尝试。大三、大四时，他与几位研究生合伙，模仿美国的一家半导体公司（仙童）注册了一家名为“仙奇”的计算机系统公司，主要业务是把A3的光学绘图仪改造成光绘机。那时这样一台机器在市场上卖得很贵，只有国外的马可尼等公司生产，曾李青他们改造的机器每台能卖到两万多元，他当时的头衔是CAD工程部经理，上门帮别人做培训服务，每个月平均能挣四五百元。1992年大学毕业时，他还从仙奇公司分到了5000元现金。

当时，计算机和通信工程专业的毕业生都很抢手，曾李青和同学们基本都进了运营商和通信设备商工作。曾李青被分到了深圳电信，也正是这段工作经历让曾李青遇到了互联网。1995年1月，中国电信开通了北京、上海两个接入Internet的节点，第三个点在深圳，曾李青就是深圳电信互联网工程项目最早的项目组成员，他到邮电部要域名、IP地址，到上海要数据专线调控，也因此成为中国最早参与互联网基础建设的前100人。

1996年，曾李青被派到深圳电信与深圳赛格集团、特区发展集团联合投资的龙脉公司担任市场部经理。一开始他对这份新工作饶有兴趣，但随着工作中电信局与政府间合作的弊端暴露和体现，天性不甘寂寞、渴望成功的曾李青陷入了迷茫，是回到体制内的电信局还是下海，他有些矛盾。曾李青向自己的老领导、深圳电信局局长许文艳征求意见，许建议他以停薪留职的方式尝试下海，并介绍他与马化腾认识。当时许文艳与时任深圳电脑协会秘书长的丁月珍关系很好，而丁月珍的丈夫和马化腾的父亲同为盐田港的高管，于是曾李青在龙脉的办公室第一次见到了马化腾。

腾讯辉煌——马化腾做产品，张志东做技术，曾李青做市场

1999年，马化腾、张志东、曾李青三人创立腾讯，并在职责上作了简单

分工：马化腾负责战略和产品，张志东负责技术，曾李青负责市场。事实证明，这样的分工非常科学和正确：天蝎座的马化腾个性沉稳，不动声色却抱负远大，长于对产品的认识与对用户的理解；张志东对技术有着狂热的偏执和热爱；而曾李青行事从容，具备商业眼光，对市场的理解精准到位。直到今天，曾李青在做天使投资时，依然喜欢这样的团队搭配。

腾讯成立之时，正是中国互联网产业第一次大潮兴起之际，一时间出现了很多互联网公司，但绝大多数公司都找不到有效的赢利模式。腾讯同样也经历过艰难起步的岁月，为了让公司能生存下来，最开始他们什么项目都接：做网页、做系统集成、做程序设计……而曾李青也利用自己出身电信的背景和关系，帮公司拉各种电信业务。今天腾讯所有业务的基础与核心——即时通讯产品QQ的前身OICQ，其实就是当时腾讯跟深圳电信合作的一个项目，双方约定深圳电信出60万资金和带宽，腾讯负责研发产品，开发完后卖给深圳电信。但产品做完后完全超出几个人的预期，于是马化腾他们改变了出售该产品的想法，由深谙电信采购之道的曾李青用“要求加价到200万元”的方式终止了合作，将产品留在了自己手中。

随着2000年互联网泡沫的破灭，全球都对互联网产业丧失了信心，2000年11月底，纳斯达克指数跌破2600点大关，从9个月前5132点的历史高位下跌了近50%。新浪的股价跌到了1.06美元，搜狐跌至60美分，网易在上市的当天就跌破了发行价，一度只有53美分，包括丁磊在内的许多互联网创业者纷纷考虑变卖企业。

成立才一年的腾讯，刚刚起步就遭遇到了大势的骤变，几个创始人一方面四处找钱，一方面到处找人希望能收购腾讯。时任广东电信旗下21CN事业部高级经理的丁志锋还记得，当时马化腾和曾李青来找21CN，希望他们收购腾讯，报价是300万元。最终在2000年上半年，腾讯获得了IDG（美国国际数据集团）和香港盈科的投资，这两家机构各出资110万美元，分别占20%的股份，几位创始人仍持有60%股份。这笔资金的到位立刻投入到了改善服务器和带宽等硬件设施上，同时加大了对OICQ软件的开发和改进工作，拉开了与其他同类产品的差距，到了2001年春天，OICQ的用户突破10万。

跟新浪、搜狐、网易等几家公司类似，最终让腾讯获得稳定现金流的还是突然爆发增长的SP业务。曾李青亲自负责，带领新人创办了腾讯无线事业部，并把之前在电信的老同事王远拉了过来，之前王远在中国移动旗下的卓望公司担任商务总监，卓望正是中国移动增值业务的重要平台。据曾李青回忆，腾讯的无线业务曾经一度占据了整个中国无线业务的75%，而移动QQ等无线业务的推出不仅彻底地解决了公司收入的问题，也为之后的上市奠定了坚实的基础。直到2002年进入游戏领域之前，腾讯的主要盈利几乎都来源于SP业务。

2004年6月，腾讯在香港成功上市，募集资金净额14.4亿元。借着雄厚的资本和庞大的用户基础，腾讯各项业务迅速发展，逐渐成为中国市值最大的互联网上市公司。随着腾讯市值的不断攀升，作为创始人之一的曾李青当然也身价倍增，步入亿万富豪的行列。

天使投资——腾讯之后的第二高峰

2004年腾讯上市时，曾李青不过34岁。这么年轻就拥有了巨大的财富，但曾李青并不愿意就此停下前进的脚步，他去中欧商学院读了个EMBA，读完后甚至考虑去美国继续读博士，后来因故作罢。

2007年6月，曾李青辞去腾讯COO一职，成为“终身荣誉顾问”。“刚开始出来时也没想好干什么，只是觉得在腾讯再待下去，个人已经没有新的突破。”之后，曾李青过了几个月“难得清闲”的生活，每天在家里看电影、打游戏。

休养了三个月后，曾李青出山创办了德讯投资，开始走上了职业投资人的道路。“前期投资过两个项目都相当失败，交了几千万元的学费”，说起最初的失败教训，曾李青直言不讳，他一开始想的是尽量不再做和腾讯相似的相关业务，因而有意识地投了些和互联网不相关的项目，例如专为高端富豪人群定制服装的拉特兰，专为富豪提供定制旅游服务的太美，甚至还投资了房地产。“交了几千万元的学费”后，曾李青发现自己还是要回到熟悉的行业里来，并且觉得早期的天使投资有巨大的发展空间和机会。

2007年年底，曾李青正式全面开展天使投资的业务，先后投资了快播、淘米网等项目，而在2010年德讯投资开始形成体系后，投资的项目横跨互联网多个领域，从网络游戏到在线视频，从移动互联网到虚拟社区，投资规模扩大了几倍，还有呈天游、广东卓越教育等。

在目前所有投资项目中，曾李青最为自豪的就是淘米网。2007年，当时还是腾讯“QQ宠物”项目总监的汪海兵希望做一个中国最大的儿童社区，他找到曾李青后二人一拍即合，曾李青拉上了时任新浪副总裁的王滨给了淘米第一笔启动资金1000万元。到了2011年年初，淘米已经拥有1.8亿注册用户、活跃用户达到3000万至5000万，一个专注于4～12岁儿童用户年龄段的线上虚拟帝国悄然形成。

在儿童互联网游戏市场初尝胜果后，曾李青又将目光瞄向了青少年市场，作为巩固和承接平台用户的考虑，他投资创办了深圳淘乐，该公司的核心产品《桃花源记》面世后也获得了良好的市场口碑。

或许正是因为自己投资的众多公司发展良好，曾李青身上有一种从内而外散发出来的从容和平静，他自我评价的四个关键词是：坦诚、自信、努力、心态平和。“我现在每天晚上10点半准时睡觉，早上5点半起床，到高尔夫球场走一个小时，9点多到办公室，收发邮件，和所投资的公司的人讨论一下业务。”他坦言，“我很享受现在这种状态，这种众人尊敬的快乐的状态。”

曾李青投资风格

一、自己选定一个项目和方向然后找来合作伙伴一起做，投资的公司的创始人都称其为“老板”，并且在相当多的公司自己都是第一大股东；二、投资的规模和金额比较偏大，一般在200万～1000万元之间；三、大半的项目都是从发起的时候就开始投，而且和创业者一起选定项目并且自己参与运营，自称“Co-Funding”模式；四、投资项目基本只投腾讯前员工和业界朋友熟人推荐的项目，其他项目一概不看。

季琦

做自己擅长的事，赚自己能赚的钱

当企业在最困难时，千万不能向员工开刀，这是相当错误的决策。员工是最后才能动的人，千万不能以减少员工的数量、减少薪酬来渡过公司的难关，这是最糟糕的做法。

微心得

通常一个成功的创业者会有三个比较重要的特点：首先是激情，没有激情的人，支撑时间不会太久；其次是富有创意和个人魅力，比如中国成功的企业家都是能说会道的；第三是要有远大的理想和抱负。

创业者自我感觉太好，就会在身边听不到正确的意见，企业的问题看不到，客户的需求也感觉不到。尤其是公司刚刚开始快速发展，例如拿到5000万美元投资了，赚了第一个1000万时，创业者最容易迷失。

经常有创业者会面临感情关。在处理夫妻关系、亲情、友情时，我的原则是“组织第一，个人第二”。而且在决策时，不应该掺杂感情，如果涉及人事升迁、去留问题，这个“情”字就应该拿掉。

不少人都有小富即安的倾向，如果创业者有这样的问题，那么公司很难得到大的发展，很难有好业绩，这样的企业不会持久。这样的财富关口是最容易让人失败的，很多人都过不去。

“自我”关也是创业者要面对的，而且我认为这是最难的一关。创业者不能一味陶醉于自己的个人魅力。这么多年，我见过很多人，看过很多事，不认为世界上有什么超人、全才。“自我”这一关如果过不去的话，不仅企业会受影响，创业者“做大事、成大仁”这个目的也是达不成的。

企业家要有感恩心态：感恩政策、感恩资本、感恩团队

改革开放以来，造就了一批成功的企业家，携程、如家和汉庭只是其中很小的几个。创业失败了，并不必让自己非得搭上身家性命不可；企业做成功了，那是遇上了国家大势好，创业者要有感恩之心。如果没有改革开放，哪会有今天的市场经济？更谈不上我们这些企业的繁荣昌盛。国家的稳定，政府的开明，是我们这些企业赖以生存和发展的基础，所以首先对国家和政策要有感恩之心。

其次，创业企业能够快速、超常规地发展，离不开VC/PE的资本助推。虽然他们也是抱着赚钱的想法而来，但在客观上帮助了创业者，在企业没钱的时候投资；在企业担心风险的时候和创业团队分担风险；在企业还没有盈利的时候，提供资金让企业实现跨越式发展；在企业具备一定条件以后，在资本市场上放大资产价值，让许多人实现财富的梦想。可以说，对我个人来说，如果没有这些投资人，在10年间做成三家企业是不可能的。也有人说VC/PE这些投资人都是吸血鬼，贪得无厌，有些人对投行等中介机构印象也不好。我想表达一下自己的观点：商业是一条有机的价值链，所有的环节都有它存在的必要性，利润分享和共存共赢也是必须的，不存在谁好谁坏的问题，关键是心态。有些创业者患得患失，总是感觉别人占了便宜。在融资的时候到底如何定价，没有固定的标准，虽然有现金流贴现、市盈率等技术方法，但很多时候靠双方的感觉，上市时的定价也一样。共赢、长期、稳定发展才是根本。

另外，对自己的团队要有感恩之心。就我而言，虽然自己属于典型的企业家类型，但不是一个全能型的人，更不是完人，缺点和优点都很突出，如果没有当初那些合作伙伴和团队的互补和接力，自己做不了，也没有精力做好，就不会有今天大家看到的这些优秀企业。

把经验分享出去，帮助创业者

我已经先后做了携程、如家和汉庭，自己再去做第四、第五家创业公司，可能比较难，精力也不一定够。如果通过做天使投资，能把我的经验分享出去，帮助别的创业者，这样看到他们成功我会觉得很有价值。同时也能够保持跟整个社会更多的交流，尤其是和很多优秀创业者的交流，他们的很多想法非常保鲜，对我自己的创业经验也是个丰富。这就是我做天使投资的利益诉求点。而且，我没怎么想通过天使投资发财致富或是让财产保值增值。

对我来说，天使投资是业余爱好，不是专业性的。做天使还得有一点钱，但也不一定要很多钱；第二，还是要有经验的人去做天使，虽然美国有很多天使可能就是家庭主妇，但真正做得很好的天使应该最好有一些经验，尤其是在中国，你有社会经验也可以、有人脉网络也可以、有创业经验也可以。

我觉得做天使投资人没有什么太高的门槛，想做就做呗，只要有信任或者是欣赏就可以做。做天使投资应该多元一点，什么人都可以做，而在中国，很多事都容易限制在一个框框里。但要做一个好的天使，要能够帮到企业，帮它把关，包括将来的融资，选择什么样的融资、融资的对象等。

天使投资在美国已经很成熟了，在中国则刚刚开始，很多天使投资人并未真正深入接触到创业者之中，在心态、模式、甚至法律上的东西和美国有天壤之别。具体一点，就像我刚才说的，美国的家庭主妇可能也会做天使，隔壁小伙子创业了，他需要两万美元，向隔壁的家庭主妇借了这个钱，她就占了一点股份；而中国的天使现在都是像一些很高端的企业家这种少数人群在做，像薛蛮子、何伯权等人，都是有相当多的钱和创业经验的人。我们做天使投资，可能更接近专业的VC那种模式和概念在做，跟美国不一样，目前中国的天使投资还是比较少数人在做的事情。

投资项目，最看重创业者的人品

我通常投资一个项目最大不会超过100万美元，一般占股10%～20%这样，而且也不会去对企业做什么系统的调查和估值之类，也不大去管企业。如果创业者有什么事就找我说说，而我说的意见他们不听也行。总之，我不把天使投资作为一个保值增值的方式，是比较随意和率性地去做。做天使投资成功与否，最终还是看你投的企业有没有做成功。

我没有什么投资理论体系，最关心的是创业者本人是什么样的人，就是他们的人品，因为我们不可能花很多时间，而且做天使投资往往没有一个团队和班子在跟着做，都是自己凭着自己的感觉。第二个，要看创业者是不是有野心或者有激情、有理想，想赚钱当然没问题，就看他有没有大的思维和视野。而且，创业团队应该是互补型的，成员不能全一样，比如团队里大家性格都很强势的话，就不太好，而如果都不善言语、不善沟通也不行。

市场前景这个东西比较虚，你很难说真的能看清楚。我们四个人做携程时，只几千万美元就稀释了股份，你说看到前景了吗？所以，市场这些我都不看，就看人。有些天使投资人更倾向于用VC方式做，我认为天使投资就是很感性的，比较随意，可能跟薛蛮子有点像，更多的是凭感觉，而不是说有怎样的一套逻辑。

虽然我做天使投资会比较率性和随性，只是偶尔客串一下，但我还是会和创业者签正常的法律架构协议，最主要的是股权架构这块，还有哪些资产放进要投资的这个企业等，这些都得讲清楚。

从创业者的角度，我认为他们不能光见钱眼开，也得挑人。天使投资人不见得都是天使，说不定是魔鬼，要看这个天使投资人过去的经历，看他能提供的价值，不能单单有钱，为人、口碑等都是很重要的。我看到好几次，天使投资人压榨或者欺骗创业者的，我觉得这是最不应该的，等于毁了这个企业，毁了这个创业者，甚至也毁了你的投资。

10年创立3家成功企业，9条珍贵创业经验

从我做携程、如家和汉庭三家企业的过程来看，有一些经验可以和创业者分享。

第一，企业往往发展到最后，实际的商业模型和最初融资时不完全一样。比如携程从网上旅行社到订房中心，如家从酒店联盟到经济型直营，汉庭从中档有限服务到经济型酒店。企业在发展过程中也是随着市场的变化，随时调整方向和策略，关键是创业团队的变通能力，要不断摸索和创新，如果守在当初不现实的理想模型里，企业可能会夭折在摇篮里。当理想的模型在实践中经受检验的时候，我们要能够敏锐地找到一条现实可行的道路出

来，然后不断坚持，扩大战果，才能成就大业。所以，投资人的信任非常重要，能够给你时间和空间来试错和挪腾，所以在选择投资人时就要选择了解中国市场的。

第二，三年是一个节点，基本每个企业都在三年左右成型：携程从1999年～2002年，如家从2003年～2005年，汉庭从2007年～2010年。就像生长发育一样，三年里，企业的商业模型、团队、框架、性格、特质、文化等基础就基本成型、长好了，后面就是进一步的生长。中国的创业企业，三年是一个坎儿，如果三年内能够达到一定程度，将来的希望就比较大。因为中国的创业企业成长速度比较快，仿效、跟进者众多，如果在三年左右的时间里没脱颖而出，就容易混杂在一群同质的企业里，平庸下去。

第三，碰到危机往往是机会。当时携程碰到互联网泡沫，如家碰到“非典”，汉庭碰到全球金融危机，但最后反而都让企业发展得更好了。一是因为碰到危机，内部为了应对而调动出各方积极因素，将自身最优秀的部分调动出来，将自己的潜力逼到最大，危机反而成为我们成长的动力；二是危机同时也消灭或削弱了许多同行和竞争者，使得危机过后具备优秀基因的企业更加容易生长。事实上，危机是对投机与否的检验，认真执著、不投机的企业才能经历风雨而更加强大，不会被泡沫淹没或者被暴风雨摧毁。

第四，企业创始之初的团队互补和组合很重要。比如当时携程由我开局，梁建章奠定扎实基础，范敏发扬光大，而沈南鹏在融资、法律等方面是绝对专业和优秀的。

第五，创业企业还经常面临一个问题，就是创始人和职业经理人之间的关系处理。有些民营企业的创始人往往重权力和裙带，不信任外来的专业管理者，不容易放权，在经理人和家族成员或元老的碰撞中，总是偏袒自己一方，这样外来的管理者发挥不了应有的作用，如果强行推行，就会有许多不愉快，最后总是经理人失望地离开。而一些由风险投资主控的创业企业，很多职业经理人被投资人请来后，抹杀创业者的所有贡献，放大公司存在的问题，并且将问题全部归因于创业者和前任，有些甚至试图绑架企业，为自己的职业生涯镀金，谋取个人短期利益。事实上，企业家和经理人都是宝贵的稀缺资源，应该相互尊重，平等相处。不要“有钱人”看不起“读书人”，也不要“海龟”看不起“土鳖”，这两种人谁也代替不了谁。谁不遵循这个规律，谁就会付出惨重的代价。

第六，在中国目前这个野蛮、快速生长的商业环境里，相互学习、共同成长才能双赢。一个理想的企业家应该贯通中西，不仅要熟悉本土的商业逻辑和环境，还要深谙东方历史文化和传统；不仅要懂得西方做生意的语言和规则，还要学会运用现代企业的高效管理手段和工具。

第七，不要对投资人抱以太高的期望。比如，要指望VC/PE比创业者更了解一个行业，几乎是不太可能的，尤其是一些新行业和老行业的创新、变革。尽管现在许多投资公司都养了大批分析师之类的人才，而这些人从学校出来没几年，在很短的时间之内参透一个行业是不现实的。那么，最好的方法是找到这个行业最顶尖、最优秀的人才，来帮助甄别判断。要么就是看创业团队，是否能够成事，是否有独特的竞争优势，值得投资。

第八，做企业要专一和坚持。在携程、如家和汉庭的发展过程中的几次危机中，我们不投机，不是哪儿赚钱往哪儿跑，更不搞多元化，只专注于自己的领域和细分市场，利用潮流但不为之所左右，注重于商业的本质。像汉庭刚刚开始的时候，有一家房地产公司改制缺资金，只要5000万就能拿到50%的股份，几年后大概可以赚到几个亿，我们当时看到了这个机会，但还是拒绝了朋友的邀请，专注于酒店事业，做自己擅长的事，赚自己能赚的钱。

第九，所有的企业根子上都是股权结构的问题。VC/PE占70%股份的公司和创始人占70%股份的公司，在许多根本性的问题上是不一样的。在股权结构上，要确保创始团队的股份较大，最好上市后还有超过50%的比例。股权过于分散，不利于公司长远的规划，会倾向于短期利益考虑。就像柳传志也曾经说过：公司要有主人。有什么样的股东就会有什么样的董事会，而管理层就是执行董事会决策的，相应公司的战略、经营目标、价值观和文化也是和股东意志相呼应的。我认为一个理想的优秀企业的股东结构，应该是有一个压舱的大股东，同时结合专业管理，才能持续发展和强大，一个没有灵魂和理想的企业，只会变成冰冷的赚钱机器和造富工具。

中国梦开始的地方：创业最好的机会在服务业

过去中国普通人都没什么梦想，每个人都是被设计好的，毕业了等待分配、分到哪里就是哪里。现在我们能够相对选择自己的职业，还能够创业，我觉得是中国梦的开始。如果要说中国有什么梦可以实现的话，我觉得就是在服务行业。

服务行业过去被长期压抑。比如上海最好的宾馆在哪呢？在市政府手里，都在政府控股的锦江集团这些企业手里，汉庭大多数物业都是见缝插针找来的。最好的航空公司在哪呢？全部是国航、东航、南航这些国资委下属的企业；我们最好的旅行社在哪呢？国旅、青旅、中旅也都是国资……很多服务业资源都被长期压抑了，小平先生30多年前提出改革开放，现在经济发展了，老百姓有钱了，吃饱，喝足了，也想享受了、想玩了——这都是服务业要干的事，泡个澡、去旅游、吃点好吃的，服务的需求已经上来了。而且，再看近十年民间有很多钱没地方去，服务业资源的长期压抑和这个产业的不发达，使得其中充满了机会。

受过一点高等教育的人去做服务业，就相当于用机关枪和原始人部落竞争。当时我做经济酒店连锁的时候，就抱着必胜的信心。为什么呢？我看了看这个行业，大部分是经验型领导，他们都是师傅带徒弟、徒弟再带徒弟来传授技能的，这样的人才培养体系是非常保守和封闭的。所以，当时如家想到的很多改进，对整个行业来说都是颠覆性的。

我希望在资本市场内、在政府的推动下、在中国市场的培育下，能有越来越多的高素质人才进入传统服务业，把这个行业带动起来。我认为，未来30年中国制造会逐渐被中国服务取代，当然不是说中国制造没有了，它会有一个拐点，可能会在一个高技术、高品牌、高集成化的方向去发展。但如果要创业的话，最好的机会在服务业。

对创业“有瘾”的天使投资人季琦

从1999年开始，季琦先后参与打造了3家市值过10亿美元的上市公司——携程、如家和汉庭。2010年3月26日，当汉庭挂牌交易时，纳斯达克总经理出来会见季琦，他说自己查了一下，在纳斯达克的历史上，像季琦这样三次带领企业上市的绝无仅有。季琦幽默了对方一把：“我说既然是第一个三次登陆纳斯达克的人，你们是不是应该给我发个奖章，把上市费用免了？但对方不同意。”

如今，连续三次攀登创业高峰后的季琦，除了将大部分精力都放在了将汉庭打造成全球最大的酒店集团外，他同时用另一种方式表达着自己对创业的热爱和支持——那就是投身于天使投资。无论是加入北京的“天使会”还是上海的“飞马旅”，季琦都是希望能用资本和经验去帮助一些还在创业路上的人，但他也坦言，自己还是天使投资的初学者。

不甘寂寞的交大毕业生

1966年10月，季琦出生在江苏省南通市如东县一个普通农民家庭，幼时像那个时代的很多孩子一样过着贫苦的生活，他至今仍对当时吃一碗面而满足记忆犹新。1985年，自称调皮捣蛋的季琦高中毕业，在一张报纸上看到上海交大如何锐意进取、开放改革，以为交通大学就是开火车和开汽车的他报考了这所学校的工程力学系，并如愿以偿考取了。

大学四年，由于所学的专业很枯燥，季琦基本都泡在了图书馆，读哲学、历史、宗教、各种传记等。1989年大学毕业时，这个专业的毕业生很难分配，季琦在上海找不到工作，最后南通第二设计院答应接收他。但经过一番斟酌后，季琦决定还是报考研究生，进入本校的机械工程系学习机器人专业。

1992年研究生毕业后，为了解决户口问题，季琦进了一家叫长江计算机集团的国企，在其下属的子公司上海计算机服务公司工作。原本打算“混个户口就走人”的季琦却在这里工作了两年多，历任技术支持部工程师、销售工程师、项目主任、市场部经理、市场及销售部经理等职。在上海计算机服务公司工作两年半后，季琦已经是公司的第二把手，没有了上升空间，他决定离开。

1994年，季琦去美国探亲，带着一万美元在旧金山和洛杉矶生活了一年多，在这里他第一次认识了互联网的神奇。

回国后不久季琦选择了自主创业，在1997年9月成立了上海协成科技有限公司，提供综合布线、系统集成、乃至软件开发服务。也正是在此期间，季琦认识了当时担任甲骨文中国区咨询总监的梁建章，这为后来他们共同创办携程埋下了伏笔。

四人合伙，启动携程

1999年3月时，季琦和梁建章一起吃饭时，谈到了美国的互联网很火，二人当下决定一起做个网站，共同创业。他们又拉来了沈南鹏和范敏，有技术背景的季琦，甲骨文公司骨干的梁建章，精通融资的的德意志银行高管沈南鹏，再加上本来就是国有酒店老总的范敏，四个人的创业团队成为黄金组合，共同创办了携程。

从代理门票，到卖旅行团、机票，携程的模式在互联网刚刚起步的中国，很多人都还看不懂。美国当时类似模式的Expedia公司比较成功，因为所需的各项配套都已经很完善，而在中国一切才刚刚开始，携程的发展步履维艰。

2000年，携程以高溢价收购了当时最大的订房公司北京现代运通，由此获得了一批在传统行业里做了多年的人才，同时大大增加了携程从酒店方面获得更低折扣的谈判力，对公司的业务发展起到了至关重要的作用。

以订房业务为切入点，携程从“鼠标+水泥”的模式中找到了商机，开始在国内形成酒店预订的竞争力。在此之后的2002年3月，携程又收购了北京海岸公司的机票业务，让携程拥有了和各大航空公司很好的联系网络及一个先进的呼叫中心。一年后，携程的票据业务增长了6倍。待到互联网泡沫过去、资本市场开始回暖时，携程第一个冲了出去，在2003年12月登陆纳斯达克。

在携程的成功过程中，很难分清楚季琦、梁建章、范敏和沈南鹏四位创始人孰轻孰重。在以往的媒体报道和四个人对外的描述中，也很难看出谁是当时的“老大”。

再创如家，开创经济型连锁酒店中国模式

通过携程的订房数据和后台用户分析，季琦和梁建章、范敏等人发现，大城市里便宜的酒店需求最大，可是在携程网上偏偏就这种类型的酒店最少，而且仅有的几家还只肯卖少量的房源给携程。他们从中看到了新的商机——于是，2002年6月，如家诞生了。

一群有IT、互联网风格的人去做酒店，在旁人看起来有些不可思议。经历了从最初的加盟模式到直营的艰难转型后，如家走上了正轨，而且季琦和范敏等人将互联网行业“快鱼吃慢鱼”的做法带到了酒店行业，讲求速度和效率，而不是步步为营、按部就班、遵循常规发展；同时引入许多现代管理工具和手段：ERP系统，基于平衡计分卡的绩效考核等；最重要的是季琦等将风险投资的模式引入了传统行业，通过资本的支持和推动，如家在全国迅速扩张。

但是2003年“非典”爆发，季琦经历了创业以来最大的一次考验和撞击：一方面酒店生意受到很大影响；另一方面在公司内部季琦不能完全认同部分董事的意见，董事会中的投资人认为“非典”期间继续扩张酒店太冒险，无异于赌博，而季琦却认为危机恰巧是最好的扩张时机，双方起了摩擦。

现在来看，答案其实很清楚。“非典时期”几乎是如家发展史上最好的机会。但对于创业者来说，没什么比翅膀上的枷锁更讨厌的束缚了。2004年底，季琦他选择了离开。2006年10月，如家在纳斯达克上市，当初投资的VC回报率达40多倍。

虽然再次离开了自己参与创立的公司，不过经过在携程和如家的历练与洗礼，季琦对创业的感觉已培养到了“得心应手、炉火纯青”的地步，两次成功上市也带来了不菲的资本回报，这都为他后来再创汉庭时奠定了坚实的基础。

“到汉庭，我要画上个感叹号”——入门天使投资

离开如家后，季琦开始并未想过继续做经济型酒店，但经过分析后他认为中国未来至少可以容得下4～5家大型经济型连锁酒店，而自己对此又很熟悉，最终还是决定重操旧业，开辟一个中档商务型酒店品牌。2005年初，季琦创办了汉庭。

由于季琦离开如家时签署了为期两年的“竞业禁止协议”，直到2007年协议到期，汉庭才真正开始大规模扩展，成为国内起步最晚的一家经济型酒店。整个2007年和2008年上半年，季琦带领汉庭加快了开店的步伐，店面数从2006年年底的26家一下子跃升到2008年底的185家。

2008年虽然经历了经济危机，但是季琦从此前两次创业经历中早已知晓资本对企业的巨大推动价值，除了在创办之初就第一时间引入风险资本外，他在2008年又引入了第二轮5500万美元的融资。由于前两次创业过程中，创始团队的股份稀释太快，在汉庭进行融资时，季琦牢牢地把控股权掌握在自己手里，汉庭上市时他个人依然是绝对控股的。

季琦同时在2008年完成了管理团队的组建，并放慢了扩张速度，将此前当年开150～160家新店的规划下调到100家左右，原本打算进军的中西部地区计划也暂时搁置，把主要扩张精力放在长三角、珠三角等地区，同时开辟了多品牌战略：2008年汉庭酒店集团成立，建立了汉庭快捷酒店、汉庭全季酒店、汉庭海友客栈的三个品牌并存发展的模式。

2010年3月，季琦带领汉庭在纳斯达克上市，这也是他第一次敲响交易所的开市钟。在第三次创业中，季琦真正感受到了掌控自己命运“主导一切”的感觉。对于一个枕头和淋浴花洒都要亲历亲为考察的季琦表示：“汉庭，我要画上个感叹号，把它作为我这一生事业和人生的高峰和顶点，把

我的创造力凝聚在这个感叹号上。”他打算将汉庭打造成世界最知名的酒店集团之一，2010年底，季琦推出了他的第一本博客体的文集《一辈子的事业》。

“如果上帝多给我一点时间，让我再活上50年，我肯定会创出很多公司来。”对创业“有瘾”的季琦这样感叹。现在季琦则通过天使投资的方式来实现自己继续“创业”的激情与渴望，“我才刚刚开始做，但今后会一直坚持下去，帮助创业者——这是另一种创业”。

季琦投资风格

一、投资比较随意和率性；二、一个项目最大不会超过100万美元，一般投资占股10%、20%；三、不会去对企业做什么系统的调查和估值；四、介入企业很浅，基本投资完后较少参与企业具体的业务和运营。

何伯权

创业者把自己的钱全部投进来，就是最好的可行性报告

做一件事情，趋势是最重要的。大势把握准了，哪怕是做错一些具体的事情，都没什么关系，但是假如这个行业整体趋势是往下走的，你再努力也没有用。我觉得做事做人都一样，创业也一样，投资也一样，最好选择的朝阳产业或者顺应经济大趋势的行业，而且必须要有很大的腾挪空间，万一某个方向不行还可以及时调整，机会比较多。

微心得

创业为什么失败率那么高？其实有时候不是钱的问题，更多的还是缺乏经验。有些问题可能很小，对于有经验的创业者来说，一步就可以跨过去；没有经验的就不知道怎么办，跨不过去就死掉了。我只是把自己的经验告诉创业者，但真正决策和负责的还是他们自己。

我不需要创业者定期给我提交什么报告，他可以把报告写得很漂亮，我也没有办法去判断，唯一能做的就是要求他将自己的钱全部投进来，用行动告诉我行还是不行，你觉得行我就跟着你一起去冒这个险，这就是最有效的可行性报告。

人不可能永远处于最好的状态，在不同的阶段，要有不同的经历，要有第二人生，而且越早开始越好，那样你的学习能力会更强，而不是凭经验去做事。

天使投资不是一件高高在上的事。很多人把它描述得门槛很高，又是回报社会，又是鼓励创新，这些都没错，但容易给大众一种错觉，就是做天使投资好像需要很高的道德标准和精神要求。我更希望中国有更多的人去做天使投资，更多的人能够参与进来，而不是觉得普通大众做不了。

中国现在就业比较困难，很多年轻人太浮躁，大学生创业可以从小业做起，再去寻求大业，千万别一上来就以乔布斯、盖茨作为目标，那就太痛苦了。

我觉得公司最终能够成功比什么都重要，不要总是斤斤计较个人的利益，等到公司成功之后，下一步再去增加自己的价值，那时候去谈个人的利益就比较简单了。

亲朋好友曾是我的天使投资人

我第一次做天使投资的时候，并不理解什么是天使投资。就像我当年创立乐百氏时，朋友、亲戚也给我投了些钱，但那时没有意识到他们就是天使投资人。我之所以来做天使投资，一方面的话我曾经是受益者；第二方面，我知道这是一种赚钱方式，因为最初给我投资的那些人都赚了大钱。我没有多高的觉悟，只是觉得天使投资是个挺好的事业，除了可以赚钱，如果还能够从资金上、精神上给创业者支持的话，被投公司的成功概率会更高。

第一个投资的是以前在乐百氏的同事，创立了久久丫的顾青，当时他做的这个公司快不行了，要关门了，就来和我聊天。我感觉不用关门，应该还有很好的前景，只需要改变一些做法，所以我就投了。

这是个很偶然的机会。我离开乐百氏本来是想退休的，没有什么明确的方向，后来就开始做了天使投资，当时也没有很清晰地想回报社会，更多的还是考虑我投入的资本能不能够收回来，事后来看我做得还算成功。

我认为，天使投资不是一件高高在上的事。很多人把它描述得门槛很高，又是回报社会，又是鼓励创新，这些都没错，但容易给大众一种错觉，就是做天使投资好像需要很高的道德标准和精神要求。我更希望中国有更多的人去做天使投资，更多的人能够参与进来，而不是觉得普通大众做不了。其实，只要有钱，能够相信别人，那就可以做天使投资，这是一种理财工具，是一种财富的使用方式。

现在天使会想做的就是普及天使投资，有一个组织去推广这方面的意识和概念、程序、注意事项等。我们想讲清楚天使投资跟其他投资方式的区别：它是比较长期的、风险比较大的，而一旦有回报的话也是巨额的。我觉得现在还是教育不够，有条件做天使的人很多，但还需要被启发。

充分尊重创业者，并认可天使投资人与资本的重要性

如果跟美国比较起来，目前中国的天使投资有三点不同之处：一是中国的创业者很难找到天使投资，没有很好的资讯让他们知道在哪里找天使投资。二是中国对于创业者跟天使投资人这两个角色的定位不够清晰，整个社会还没有形成这样的社会氛围，总体表现出的是对于资本的鄙薄：即人们在需要的时候亲近资本，成功之后又觉得资本不重要。他们不理解天使投资成功率是非常非常低的，不管投入多少，对于被投资者来说都是雪中送炭。

我现在依然很感谢当初给我投资的那些人，哪怕是投了3000块钱或是5000块钱，因为刚创立乐百氏时我根本预料不到什么成功，很可能这些钱就全都亏掉了。他们纯粹是为了支持你，那么10年后获得1000多倍的回报是应得的，因为当初他们冒了全盘皆输的风险，你感激都来不及，没有他们你根本没有今天。当然也要充分尊重创业者，他的汗水和付出是必须要承认的，但同时也要认可天使投资人，他们也冒了很大的风险。第三是中国现在处在创业热情最高、机会最多的时期，但是天使投资人数量还远远不够，而且很多企业创业的时候，其实都有天使投资进入，但并没有太多人意识到这其实就是天使。

我更喜欢传统项目，从头开始慢慢培养它成功

我投资的都是自己熟悉的领域，就是能够理解的、熟悉的而且很有把握的项目。我从做最传统的饮用水到做九钻网，从每个项目产品的结构、渠道的建立、品牌的宣传都全部经历，而最后证明：自己不熟悉的东西真的是做不好，你对整个行业没有判断能力，也没有指导能力。

我跟其他天使投资人有三点不同：一是有些天使投资人投很多项目、广种薄收；我就是少种但专一，然后慢慢培养它成功。二是其他很多投资人可能是投IT、互联网等高新技术领域比较多，启动时资金一般需求不大；而我喜欢投传统行业，投资周期更长、投资额也会更大，往往启动时就需要比较大的资金。三是对于一个项目我进去得更早，其他投资人很多都是某个创业者有一个项目或者做到一定程度，天使投资人再去找投资。我基本上从概念建立和模式构想的时候就开始介入，不是别人提一个方案让我投资，而是自己觉得某个项目好，那就去找人来做，或者当我碰到某个人想做什么项目觉得不错，还只是一个概念的时候我就投入了，和创业者一起谈创意好不好、怎么去做，参与比较深入，但不影响创业者。我很少去投已经做了很长时间，仅仅只是需要资金的项目。

创业者把自己的钱全部投进来，就是最好的可行性报告

作为天使投资人，第一要听得懂创业者的思路，并且自己对这一块要有点了解或者是比较理解，我觉得天使投资一定要做自己熟悉的领域。第二是听对方的阐述能不能够让自己激动，对方表述是不是清晰，有没有很

好的交流。对方讲完之后，双方都很激动才能达成共识，很快进入一种相互理解的状态。如果大家在很短的时间能达成共识，并且我在很短的时间就能决定投资，这个项目的成功率就比较高；假如第一次接触就觉得头皮发麻或者听不大懂，基本上我不会再听第二次。到目前我投了八九个项目，其中有一个已经失败了，还有一个不太理想，这两个项目都是第一次听完之后不甘心，然后再听经过几天甚至几个星期琢磨之后决定投的，反而不太成功。

我可以不看创业者的可行性报告，但是投资合同必须要认真去做。第一，防止以后产生不必要的矛盾；第二，这也是一个帮助创业者去理解我们以后怎么合作、理解法律概念的过程；而且，我投的项目大都是概念比较新的模式，没有历史记录也没有其他行业可以参考，对于未来不确定性太多。

作为投资人，我要求创业者要将他除了养老婆孩子的钱之外剩余所有的资金都要投到这个项目上，即创业者自己要全部投入进来，有激情没有退路地投进来。我不可能对每一个行业都非常熟悉，而他是熟悉的，他愿意将自己所有的钱投进来，这对我来说很重要的一个保证。我不需要创业者定期给我提交什么报告，他可以把报告写得很漂亮，我也没有办法去判断，唯一能做的就是要求他将自己的钱全部投进来，用行动告诉我行还是不行，你觉得行我就跟着你一起去冒这个险，这就是最有效的可行性报告。我基本是从一个概念就开始介入和投资，所以必须要求创业者和我一样全身心投入，创业者投入越多，对最终成功的动力就有了保证。

我只是一面镜子，真正决策和负责的还是创业者

关于天使投资人怎么跟管理团队合作，我们关注的是两点：一是管理团队的动力跟能力。假如他将自己的钱全部投进来，动力不需要解决了，剩下的就是能力的问题，做起来也简单得多。二是划清边界，我是天使投资人，跟管理团队如何分工，这个非常重要。我一般规定自己只做几件事：一看方向，在走的过程中有没有走偏，一般经营者都是埋头拉车的比较多，抬头看路的比较少，我有时间去帮忙看这个方向；二是帮助他们把握节奏，什么时候该快，什么时候该慢；除了这些之外，我就是作为一个服务员，创业者需要的时候我出现，不需要就不出现，他有什么困难找到我，我就去帮助他。我跟所有的创业者都明确讲，不管我是董事长也好，还是占最大的股份也好，平常说的话你可以不听，你征求我的意见也不需要照做，因为我不直接管理，就是个顾问。

我在想，创业为什么失败率那么高？其实有时候不是钱的问题，更多的还是缺乏经验。有些问题可能很小，对于有经验的创业者来说，一步就可以跨过去；没有经验的就不知道怎么办，跨不过去就死掉了。我只是把自己的经验告诉创业者，但真正决策和负责的还是他们自己。

对于创业者来说，天使投资人就像镜子一样。好比穿衣服是否合适、自己脸上有什么脏东西，没有镜子是看不清的，但这个镜子并不会帮你将不合身的衣服换掉，不会把脸上的脏东西擦掉，最后还是由你自己去选择、去完成。我讲的有些话不一定对，毕竟不是实际操作企业，对企业内部的运作不一定很了解。经营者最熟悉他的企业，假如你到处指手画脚的话反而不好。一是我讲的只是过去的经验，套在他们的企业不一定合适，创业者就不应该去执行，不应该因为我是什么身份而去执行；二是即使我讲的是对的，但没有表达清楚，创业者没有理解，这个也不应该执行；三是即使我是对的又讲清楚了，但创业

者的能力不行，理解不了，也不应该执行。当然，有一些必须要执行的事情，他理解要执行，不理解也要执行，这就需要在董事会层面作决定了。

天使投资人最好少占股份

有人认为投资最好是做第一大股东，现在我投资的很多项目都是我占大股，但事实上我并没有这个要求。我觉得出发点不应该是想控股多少，而是对公司的成功有没有好处，因为公司做不成功就什么都没有，哪怕占100%的股份又有什么用呢？公司做成功了，即便只有20%的股份，回报肯定也不会少。所以，其实我希望创业者投得越多越好，应该是他帮我去赚钱，假如他占的股份越多，那我成功的保险系数就会更高。尽管我投资的很多企业中，我还是董事长，是最大的一个投资人，但其实做天使投资的话，最好是投资人少占股份。

天使投资人跟企业是若即若离的关系，不具体参与，而且可能很多都是陌生人，只是见过一两面，听过一些介绍，所以信任是最基础的。假如没有建立起一种信任，抱着怀疑的态度，那你不如干脆就别投，不然的话干扰会很大。投资人和创业者之间一定更要处理好双方的关系，大家相互承认对方的价值：投资人承认创业者在管理和运营上的溢价贡献，但创业者也要承认投资者在资本和经验等方面的贡献。

何氏投资哲学：行业趋势 > 团队 > 商业模式

挑选具体项目时，我首先看行业趋势，第二是团队，第三是商业模式。

做一件事情，趋势是最重要的。大势把握准了，哪怕是做错一些具体的事情，都没什么关系，但是假如这个行业整体趋势是往下走的，你再努力也没有用。我觉得做事做人都一样，创业也一样，投资也一样，最好选择的朝阳产业或者顺应经济大趋势的行业，而且必须要有很大的腾挪空间，万一某个方向不行还可以及时调整，机会比较多。

第二是团队。再好的趋势还是要有团队去做，而且整个创业过程可能会遇到很多变化，不是说事先设定的事情就会坚持到底的，团队的应变能力和素质就非常重要。

什么样算是好的团队？第一是有激情，这不是性格上的激情，是他对于要做的事情有理想、有信心，而且基本上断了自己的后路；相反性格上的激情我倒觉得有一点负面，因为容易失去理性。最好是很有理性的激情，即这个项目令他激动，能激发出他的潜能。第二是厚道，天使投资人对创业者的干预和监督不会太多，平常对业务的了解也比较少，主要是由创业者在运作，如此一来“厚道”就很重要了。创业者要有自律性，能让投资人放心。那些让投资者觉得不放心的团队就不要投了，不然的话反而是双方都不开心。第三是团队要有经验，而且最好是有这个行业的经验。现在很多人鼓励大学生创业，我觉得大学生先不要创业，因为要创大业就要具备各种条件，包括能够吸引到别人去投资，能不能管理一帮人，市场判断是否准确，等等，必须积累了经验和条件再去创业。当然，假如创业者没有那么大的雄心壮志，只想开个小店、做些小生意，那就没有问题。中国现在就业比较困难，很多年轻人太浮躁，大学生创业可以从小业做起，再去寻求大业，千万别一上来就以乔布斯、盖茨作为目标，那就太痛苦了。

最后商业模式很重要，因为最终企业的成功还是商业模式的成功，如果他没有钱或者没有向上的趋势，成功的机会就少了；或者是团队能力不够的话，可能最终也找不到一个好的商业模式。最初设计的商业模式跟最后的实践往往有很大的差异，所以创业者必须要有能力去不断地调整模式。

启动创业项目的六大要素

创业者做一个项目需要考虑几点：

第一要符合大的趋势。

第二是要关注消费者的利益。我们的产品对消费者有什么好处，并且关注用什么方法将这种好处清晰地传达给消费者。现在是信息爆炸的时代，大家接受的信息非常多，成本最高的就是如何将自身的信息告诉目标消费者。

第三是把握好节奏。创业者一般都比较急，速度固然是重要的，但怎么样才是最合适的速度？我建议多尝试，你的方法没有成熟之前千万别急着去扩张。

第四是要有相关的经验。我发现一般越没有经验的越大胆，也越有信心，其实创业离不开过去失败的经验，不然你会重复别人的失败之路。所以创业团队里有没有具备相关经验的人员非常重要，假如没有，要么就补齐团队，要么就在外面请些人，这样会降低失败的概率。

第五是重点突破。我们做一件事情，往往容易看书上讲得比较多，都是关于大公司的书，最终的结果是面面俱到，而不是重点突出。创业真的是要找准一点，将这一点做到极致，那就会快速成功；而你要面面俱到的话，可能会走向失败。

最后，创业者的心态很重要。有些创业公司发展得很好，有大股东支持，有供应链支持，有价格优势，有品牌效应，有渠道支撑，但为什么创始人还有那么多困惑呢？其实这是个心态问题。面对同样一件事，不同的心态就会产生不同的影响和行动，心态问题解决不好的话，就会影响个人的力量，最终影响整个决策。从某种意义上讲，心态决定一切。

创业者要处理好三种关系

讲到创业者的心态，我觉得要处理好下面几种关系：

一是企业成功与个人利益的关系。成功的一个关键条件是有很多人帮你，只靠一个人基本上没有机会成功。这一点体现在团队管理上，就是放权给下属的问题。对于人才来说，最关键的是机会，你愿意给他机会，愿意放权给他，他就愿意为你服务，企业才有可能成功。但放权不等于自己不做事，放权给下面的人以后，你需要做的是看他们做得怎么样，如果觉得他做得对，再难的事情也要放心交给他做；但如果发现他做不了，就要从旁帮助他把事情做好。你给了他权力，也就给了他责任，这样他才有可能成长。我认为，凡事都要亲自上阵的创业者基本上是做不好的。在这几年的投资过程中，我的体会是：创业者如果能够更大方地将自己摆在正确的位置上，在利益上不斤斤计较，他就能获得更多的利益和更大的成功。

二是个人喜好与企业文化的关系。企业文化是直接影响企业生命的关键因素，短时间内影响看似不大，但长期经营下去就体现出来了。我们不要小看企业文化，但也不要将它看得很高深。创业者的一言一行，待人接物，怎样作出对利益的判断，怎样跟合作伙伴以及上下级交流，这些表现最后就能形成这家企业的文化，最起码会成为企业文化的基因。很多创始人没有意识到这一点，认为自己是老板，就用老板的姿态处理事情，其实这种姿态会影响企业，并种下企业文化的根。比如有些创业者将自己的位置摆得很高，不深入实际，对下属乱指挥或者骂人，其实你这样做了，下面的人也会在下属面前摆高自己，企业文化就变成了一级骂一级。再比如财务制度，如果老板自己大手大脚，就不要奢望下面的人能够节省。当然要将个人生活跟公司经营分开，在乐百氏时，我自己旅游的时候也会自掏腰包住五星级酒店，但是出差的话就跟员工一起打地铺睡，整个公司都打地铺，不仅节约，还很方便相互交流。这都要求创业者一定要管理好自己。

三是创业者跟投资人的关系。创业者跟投资人容易产生矛盾，特别是在最初创业的时候，投资人给公司投了钱，创业者后来却觉得不值得，等企业做得不错了，就心痛被投资人白白分享了利益。这种不良的心态会派生出其他的举动，例如想能不能多得一点利益或者对投资人有所隐瞒甚至是损害等，我觉得这些都不要做。创业之初的投资人是帮助你得到一个机会，相当于救了你的命，假如他们当初不投钱，你筹资不够项目就根本做不成，也就没有今后的成功了。千万不要后悔自己当初作出的决策，今天之所以会觉得当时作的决策是错的，那是因为现在的客观环境改变了，自己学到了一些新东西，价值也相应的提升了；但是在最开始作决策的那一刻，并不具备现在的条件，那是当时你能作出的最好的选择。只有调整好心态，把这些包袱全都放下，只去想谁能够帮助公司成功，内心才能没有那种煎熬。我觉得公司最终能够成功比什么都重要，不要总是斤斤计较个人的利益，等到公司成功之后，下一步再去增加自己的价值，那时候去谈个人的利益就比较简单了。

从天使投资人的角度来说，创业者在创业过程中犯错是正常的，对此要有包容之心，同时管理团队又能有感恩之心，那么双方的长期合作才会好。心态正常了，就容易长期合作下去，也会减少不诚信的现象；很多时候不诚信就是由于心理不平衡，一旦出现了这种情况，公司离失败就不远了。

我所做的一切都发自内心
——乐百氏创始人何伯权的第二人生

“我所做的一切都发自内心，不会在乎外在的评价和眼光。”作为曾经占据中国饮用水市场半壁江山乐百氏集团的董事长何伯权，一语带过当年自己将乐百氏卖给达能的事情，低调的何伯权鲜在国内露面，大部分时间都在加拿大陪伴家人。

直到最近两年，人们因为7天连锁酒店、爱康国宾、诺亚财富、久久丫、OFFICEBOX、万乘金融等重新认识了何伯权，因为他都是这些在相关领域领先企业的天使投资人，而其中7天连锁酒店和诺亚财富已成功上市。

对于在投资上取得的不俗业绩，年过五十的何伯权表示，天使投资是自己40～50岁这段时间的事业，这既是自己的业余爱好，又是理财的一种工具，而自己50岁之后的基本方向是做公益，“做天使投资的时候我想培养和帮助一些新的企业，现在则希望去帮助一些新的公益组织，它们跟创业一样，也需要有方向、结构和目标”。

多重经历积淀深厚内功

何伯权1960年出生在广东中山市小榄镇的一个普通家庭，父亲是老公安，母亲是工人。父亲对何伯权从小要求非常严格和严谨，事事都很讲究原则，不能有任何差错。

在这种严格的教育下，提前上了几年学的何伯权15岁就高中毕业了，此时他父亲已是某区的区长，正值“文化大革命”的末期，他主动报名去了当地的小榄公社体验农村生活。在农村一待就是三年，何伯权有一年半时间在务农，有一年半当小学老师。他感受到了最真实的农村生活，“让我体会了人与人之间全方位的互相帮助和关心，有一种善良友好的氛围”。何伯权觉得，这段生活造就了自己日后与人为善和信任他人的做事风格。

18岁那年，何伯权回到了城里，去了一家卖皮鞋的商店工作，拿着每个月38块的工资做了两年销售员；再之后又去了当地政府做了两年秘书；1982年，何伯权作为第三梯队培养对象被送到了中山电视大学进行大专进修，学习党政管理专业；1984年，大专毕业继续回到政府工作，之后又被派到农业部乡镇企业管理学院培训了9个月。

前后两段进修培训经历对何伯权之后的学习方法产生了重要影响，他回忆那段学习经历时，只用了一个字形容：苦。“没有老师讲课，只能在电视上学习课程内容，没有人指引和给出学习内容的方向与建议，基本是自学，但要和全国其他学校一样参与统考。”何伯权说，那时自己是班里的劳动委员，不怕吃苦。

结束在北京的培训后，何伯权继续回到当地政府做秘书，并同时兼任镇里的团委副书记，可是并不愿意就此一直待在政府里。“父亲是一个非常讲究原则和清正廉明的人，那时经常有乡亲拿着东西求父亲办事，但他经常拿着东西追到路口都不要，乡亲们都非常尴尬和不好意思。”何伯权说，这个场景一直深深留在自己的脑海里。也许是不愿意充当那个尴尬的主角，他早就打定了主意，不愿意去政府而更喜欢市场环境，希望去企业。

1987年，小榄镇医药管理局下属的小榄药厂重新组建管理班子，要求管技术的必须是大专以上学历，何伯权因为自己的进修大专文凭如愿以偿地当上了技术副厂长，实现了自己离开政府、进入企业的愿望。

小榄镇是中山市最大的二级镇，每年的经济总量占到整个市的30%～40%，而小榄药厂则是镇重点企业，年销售额达到4000万～5000万元的规模。当时药厂有一部分业务是承接广州乐百氏公司的口服液加工，也正是这段经历，让何伯权和之后享誉全国的乐百氏公司有了联系，并在其后创办了自己的中山乐百氏保健品有限公司。

回忆起创办乐百氏之前的这些经历，何伯权认为，“虽然转了多个职业和生活经历，中间有很多跳跃和变化，但其实是一种统一的积累，没有一点对过去的浪费，所有过去的这些多重经历都成了财富，积累练就了自己后来扎实的基本功。”

创办乐百氏：一家地方小厂成为全国知名品牌的故事

1989年，小榄镇政府等多方出资95万元让何伯权投资办厂，时年29岁的他一眼就看中了广州乐百氏公司的牌子，与四个年轻人很快组建了中山乐百氏保健品有限公司。

当年的广州乐百氏公司是由广州太阳神保健品公司出来的人创办，那时的太阳神口服液可以说享誉全国，而乐百氏公司的口服液的目标客户是小孩，却因为口感不受小孩欢迎业务一直不见起色。

何伯权从中看到了机会，当年在市场上有一个非常受小孩欢迎的乳酸菌饮品——益力多，这个产品今天仍然在市场上有一定影响，那时内地的人到深圳或珠海这些经济特区大部分都会买益力多。何伯权找到了切入点，他结合乐百氏的保健配方，加上益力多的口味，打造出“保健品+酸奶”的模式，通过租用广州乐百氏品牌的方式创办了中山乐百氏保健品有限公司。

广州乐百氏公司一方面靠收何伯权的品牌使用费，一方面也由口服液市场逐渐进入饮用水市场，这也为何伯权1997年收购广州乐百氏公司进入国内主流饮料市场奠定了基础。1999年乐百氏的销售额已达20亿元，一个名不见经传的地方小品牌成为全国知名的食品饮料品牌，这在10年前创业时，恐怕谁也没有想到。

2000年，当乐百氏经历了高速增长，已成为仅次于娃哈哈的中国饮料市场第二大品牌时，何伯权想到了退出。这年3月，何伯权和达能最终签订“合资”协议，共同投资组建“乐百氏（广东）食品饮料有限公司”，由达能控股，由乐百氏集团经营管理，除非乐百氏方面要求，达能不派员参与管理。达能将这次合资视为其全球战略的一部分，合资公司作为达能在中国的重点企业将获得巨大的自由发展空间和强大的资金支持。乐百氏集团仍拥有“乐百氏”商标所有权，合资公司以有偿许可的方式使用。

而在“合资”后，乐百氏又经历了4年销售额年均50%以上的高速度增长，此后销售业绩开始一路大幅滑坡。何伯权把握到了一个最好的时机——在乐百氏的品牌价值处于最巅峰时期卖给了达能，据当时的媒体报道，达能为此支付了23.8亿元的真金白银。

“我继续做乐百氏，很难再走上另一个高峰，继续和娃哈哈打又怎样？只是第一、第二的区别。人不可能永远处于最好的状态，在不同的阶段，要有不同的经历，要有第二人生，而且越早开始越好，那样你的学习能力会更强，而不是凭经验去做事。”何伯权对于外界质疑他出售乐百氏的行为颇不理解，“如果说人生就是为了拼得你死我活，天天挣钱而失去了时间和健康，那不是我想要的生活。那时虽然还没想清楚下一步去做什么，但我很清楚当时的生活要先停下来，停下来的人生还是丰富多彩的。为什么要受外界的干扰和影响？”

至今，何伯权也没披露在出售乐百氏的过程中具体获得了多少资金回报，但根据第三方数据统计，按其1998年在集团拥有的净资产计算，他的财产为8500万美元。无论如何，何伯权在40岁时实现了财富自由的愿望，而这第一桶金，也成为他开启新事业的资本。

投资，从久久丫开始

2002年，何伯权彻底离开一手创办的乐百氏，开始抽出时间陪伴家人，去西藏旅行，到美国、加拿大等国家游历。之后，何伯权去了哈佛大学做访问学者，研究的课题是“中国民营企业与政府关系”，到2003年年中，访问学者的期限快要到了，他还没有决定好要做什么事情。他决定回国，看看之前乐百氏的老同事都在忙什么。

2003年，何伯权返回国内，约了些老同事吃饭。就因为这顿饭，何伯权有了第一次天使投资的经历：顾青是他在乐百氏引进的第一拨大学生，先当副总秘书，后来又去乐百氏湖北分区做营销经理。当时的顾青正在国内建厂做鸭脖子生意，也就是后来在全国连锁分店开到了上千家的久久丫，何伯权给顾青50万元用于建厂和扩张。“投资久久丫完全是随意的，只是帮忙，但我发现自己的思维和想法对创业的年轻人很有帮助，毕竟我对做企业很熟悉，对一个企业从小到大的成长过程很了解。”

何伯权开始专注于天使投资。2003年9月，他注册成立了广东今日投资有限公司。新公司开张，投资的第一个项目是九钻网。这个项目是因为何伯权在哈佛时看到美国蓝色尼罗河（www.bluenile.com）这家网上销售钻石的公司的成功，觉得这种模式在国内也同样可行。虽然九钻网在2005年又从KPCB（凯鹏华盈）等几家VC手中融资1000万美元，但何伯权今天回忆起这个项目，还是坦承这是自己第一个失败的投资案例。

之后，何伯权又投资了OFFICEBOX、爱康国宾、诺亚财富、7天连锁酒店等，这些项目大多集中在与消费者有关的新兴领域，一般在国外均有成熟的商业模式，而在国内则属于尚未开发或正在开发的市场。随着诺亚财富和7天连锁酒店在2009年相继上市，何伯权在自己的天使投资之路上摸爬滚打了几年之后，尝到了成功退出的滋味。

何伯权投资风格

一、投资比较专一，只投自己熟悉的消费领域相关产业，慢慢培养项目成功；二、模式在国外已经成熟，有成功的先例而在国内还没有成功样板；三、对于一个项目进去的更早，基本上从概念建立和模式构想的时候就开始介入，一般不是别人提一个方案进行投资，更多是自己觉得某个项目好就去找一个合作伙伴来当CEO和投资；四、CEO也必须要投钱进来双方成为真正的共同体；五、介入项目比较深；六、注重创业企业的原则、底线和价值观，即企业基本的诚信、遵守合约的精神。

蔡文胜

只要用户规模够大，自然能找到商业模式

我的投资速度一般很快，很多项目我还没签订合同钱都已经打给对方了，我能理解创业者“谈好了，但是好几个月后才拿到钱”的那种心情，而且往往会因此错过市场机会。

微心得

首先，我更愿意做投资回报比较高的事情，做互联网就比传统贸易回报要高得多；其次，我比较喜欢自由一点的生意，我做过服装、房地产等生意，发现要跟很多方面打交道沟通关系，而做互联网只要有创意就能去实现，更自由。

中国有太多做得不错的个人网站根本没人知道，根本没有获得投资的机会，因而特别需要天使投资去帮助他们，只有天使投资的概念深入人心，有更多人参与，才能形成系统化和规范化的制度，挖掘更草根、更普遍的创业机会，中国的创业和创新才能发挥更大能量，不能只靠几家VC在几个大城市发现项目。

我个人认为，一个项目投资之后半年到一年半是磨合期，能不能做成三年是一个阶段和节点，小成是三年，大成是七年。

我曾经和其他天使投资人也讨论过，要形成这种规范：某个人如果不诚信，那么在所有地方都会失去信任，就很难再获得其他人的投资，这种惩罚机制有利于整个行业的规范。

天使投资人在有能力和办法的情况下，要尽量帮助创业者，双方的关系有点像既是朋友又是老师，亦师亦友，这是最好的角度和方式。天使投资人千万不要把自己当成是创始人，这个定位不会好。

早期的项目一开始就定商业模式都是瞎扯，腾讯今天很牛，开始有商业模式吗？当时谁也看不到，百度和阿里巴巴最早的规划跟现在做的也不一样，只要你的网站能做到足够多的用户规模，自然而然会找到商业模式。

中国不缺创新，缺的是发现草根和底层创新的人

我觉得，个人利用自己的闲钱投资早期项目就是天使投资。美国已经有几十万的天使投资人了，爸爸给儿子投资也算是天使投资，但中国人不这么认为，他们没有这个概念，比如马化腾最开始也是向家里人借钱。这两年经过李开复、薛蛮子、徐小平等人积极推广，慢慢把天使投资的概念普及开来了，但国内比较规范的天使投资还不多，规范的操作也都没有。

在美国没有个人站长的说法，其实雅虎、Google、Facebook最早都是由个人开始做起来的网站，要说也算个人网站。但美国的天使投资很成熟普及，只要有一定的流量马上就有人找上门，给他们投钱加快发展。中国目前的VC都集中在北、上、广等大城市，有太多做得不错的个人网站根本没人知道，像当时做hao123的李兴平没人知道，暴风影音最早的创始人是哈尔滨一个叫周胜军的老师，FlashGet（网际快车）是西安的侯延堂做的，但他们都没有被VC发现。我很幸运，被IDG资本、薛蛮子和Google发掘并投资，但太多的人没有这种机会。中国特别需要这种天使投资去帮助他们，只有天使投资的概念深入人心，有更多人参与，才能形成系统化和规范化的制度，挖掘更草根、更普遍的创业机会，中国的创业和创新才能发挥更大能量，不能只靠几家VC在几个大城市发现项目。其实国内的创新能力并不差，比如QQ到国内进行了改良，百度在搜索的基础上做了“贴吧”和“知道”等本土产品，都是有所创新的。中国人可能对创新所报的期望太高，只是缺乏更多发现这些草根和底层创新的天使投资人。

有钱、有闲、能承受一定风险的人都可以做天使投资，但要做到成功的天使投资就必须具备三个条件：1.最好参与过创业，有过成功经验，能给创业者更多帮助；2.有一定的人脉关系，能帮创业者认识更多合作伙伴和渠道；3.对行业要有前瞻性和判断力，对创始人有帮助。

四个投资特点

我曾经和雷军说，我们俩是最累的天使投资人，对于投资的项目往往投入精力比较多，别人是战略上投钱或找人，我们会介入更深，比如小到服务器被攻击了，要招个技术人员，找哪个网站合作，等等，都要帮忙。有些项目我会帮他们重新整合，组建新的管理团队。

我总结自己的投资特点是：1.投资的阶段更早，我是草根出身，与个人站长关系很广，很了解中国互联网，有新的项目起来我会比较早发现；2.不是看以后做多大和赚多少钱，而是更看重现在的用户数多少；3.投资速度很快，很多项目我还没签订合同钱都已经打给对方了，我能理解创业者“谈好了，但是好几个月后才拿到钱”的那种心情，而且往往会因此错过市场机会；4.有些项目我知道可能不一定做太大甚至带有一定公益性，但如果能帮助对方也会投，比如一个农业网站是教农民学习农业技术的，怎么种植、养殖，我自己判断很难赚到钱，但我觉得对农民有帮助，不以纯粹赚钱为目的。

投资判断四步走

对于是否投资某个项目，我的判断有几点：团队是第一要素，要有诚信，能不能真正做成事情要看团队的学习能力，创业的激情够不够，这决定了他能走多远。

第二是方向要对，所做的事在未来几年是否可持续发展，不能去做一个发展空间很窄的领域。比如华军软件园当时做软件下载，做得非常好，也有前瞻性，但现在网速不断加快，再去做个软件下载网站就没有发展余地了。再比如现在大家都说移动互联网是个趋势，但是如果说你做的是Symbian平台的产品我就不会投，因为这已经不是趋势了。

第三是要有好的执行速度，不能老停留在想的层面。很多大城市的人创业比较难，比如在北京接触面很广、信息量非常大，可能今天想了自己要做什么，明天又有人建议你可以做什么，结果什么也没做成。但如果你在一个比较偏远的地方，没有更多的选择，有了想法反而可以踏踏实实做下去。

第四是要有一定的用户规模。早期的项目一开始就定商业模式都是瞎扯，腾讯今天很牛，开始有商业模式吗？当时谁也看不到。百度和阿里巴巴最早的规划跟现在做的业务也不一样。国际著名的风险投资家约翰·多尔（John Doerr）曾经总结过，他发现在自己投过的失败案例里很多都是一开始都有好的团队、好的商业模式，但是就是没有好的用户规模。回过头来看，只要你的网站能做到足够多的用户规模，自然而然会找到商业模式。

天使投资也需要作尽职调查，但不会像VC一样列个长长的清单。我会亲自调查或者通过业界的朋友去验证、了解创业者的情况，同时也会借助一些调查工具，比如百度指数、Alexa排名、艾瑞咨询等第三方的资料去验证相关数据。

要靠烧钱才能做大的项目我就不会做

我只会投资所需资金在几十万元到几百万元之间的项目，基本不超过500万元，大致会占10%～30%的股份。我只做前期投入不是特别大的事情，如果要靠烧钱才能做大的我就不会做。

我一般是根据项目本身能发展多少用户数进行定价，一是它现在拥有多少用户数，二是它未来能发展多大的用户数，较少去看它的商业模式和其他东西，只要有足够的用户数就会有价值。

我的很多早期投资项目都是从个人网站里进行挑选，它们的用户都足够多，但并没有被主流的VC认同，很难拿到投资。我自己是从做个人网站被IDG资本发现并拿到投资的，所以一方面我希望继续回报和帮助别人，另一方面个人网站里有很多很好的创新值得投资和扶持做大。不过个人网站一开始基本是因为某种兴趣做起来的，没有资源也没有钱，要真正能上升到一个大规模的商业网站还有一定距离，我觉得其中可能只有10%有机会商业化，而这10%里面可能又只有10%可以真正做大，变成一个好的商业模式。

建立天使投资行业标准：不诚信的人大家都不投

天使投资中最大的问题是诚信问题。像我投的很多项目都没有签合同，VC有更完善的架构，但天使投资人没有那么多精力盯着那些项目。我们为了快速投资和给钱，会选择一个宽松的方式和简单架构，因为往往投不到几十万元，如果要正常走那些程序，所需时间更长，成本也很高，所以我们也就不会和创业者签什么复杂的合同，此时如果创业者不诚信就会存在很大风险。

在国外一个创业者如果拿了天使投资人的钱不成功，只要钱确实是拿去创业的，即使做企业不成功，仍然还可能得到其他人的钱，但如果他骗了天使投资人的钱，比如拿去买了车买了房，那这个人将会很难再拿到别人的钱或得到别人的帮助，这个人会在整个圈子和信用体系里失去信任。但在中国对不诚信的人就没有这么严重的惩罚，有的创业者在某个地方不诚信，但他转到其他地方还能拿到其他人的钱，或许某个VC会觉得他已经拿过天使投资的钱，会更有经验和基础，再投资他不是更省事吗？这样整个行业的生态就会变坏。我曾经和其他天使投资人也讨论过，要形成这种规范：某个人如果不诚信，那么在所有地方都会失去信任，就很难再获得其他人的投资，这种惩罚机制有利于整个行业的规范。天使会的成立就是要带动行业化标准的建立，天使投资人都有一个共识：不诚信的人大家都不投。

天使和创业者关系“四段论”：初识、磨合期、蜜月期和收获期

天使投资人和创业者之间的关系对于不同的创业团队，也会有所不同。天使投资人在有能力和办法的情况下，要尽量帮助创业者，双方的关系有点像既是朋友又是老师，亦师亦友，这是最好的角度和方式。天使投资人千万不要把自己当成是创始人，这个定位不会好。

天使投资人和创业者一般要经过四个阶段：初识、磨合期、蜜月期和收获期。投资某个创业者有一个运气和机遇的存在，第一次和第二次见面的气场和缘分能决定双方合作的基础，在后面的接触中看到它的成长不断加大力度，就像和女孩子谈恋爱一样，第一眼不错是基础，但能不能深入合作是需

要双方努力的。第二阶段磨合期很重要：各自开始发现对方的一些小缺点，比如投资人会发现创业者有这样那样的不足，创业者开始比较崇拜天使投资人觉得什么事都能搞定，后来发现有些问题天使投资人也无法帮我解决；其实投资人能帮助找出一些缺点、指出一些错误，但创业者要意识到有些事情必须自己去努力，任何一个天使投资人都不能帮你包办，不然他就自己干了。经过第一、第二阶段之后才会进入蜜月期和收获期。很多项目过不了磨合期就黄了，我个人认为，一个项目投资之后半年到一年半是磨合期，能不能做成三年是一个阶段和节点，小成是三年，大成是七年。

潜在的创业机会：移动互联网、电子商务、创意产业机会最大

对于潜在的创业机会，我认为：第一，移动互联网有非常大的空间，未来几年这是最大的机会，甚至会改变中国的互联网结构。第二是电子商务，我们都知道淘宝网很大，但整个中国的中小企业有2000多万家，目前已经上网的只有100万家，还有80%的中小企业要借助电子商务来发展，这是最大的机会。哪怕是卖矿泉水的、卖农产品的都有巨大的机会，传统行业有多少行业，那么就可能在互联网上同样产生多少行业的电子商务。第三，就是娱乐相关的产业，但不只局限于游戏，我觉得应该把游戏、动漫和电影、音乐综合起来，做成一个非常好的集合体，也就是所谓的创意产业，未来这在中国有非常大的空间。

传统的PC互联网在未来三年还有机会，但也就是三年了。中国的互联网用户已经超过5亿，现在还处于快速发展的阶段，在未来三年可能会迅速增加到9亿，那就基本饱和了，所以这三年增加的新用户就是一个巨大的机

会。在这之后，用户数量基本饱和，互联网巨头该圈的地也圈完了，一些商业模式和技术也基本定型了，你就很难再创新了。现在互联网还只是在大中城市普及，将来会继续往下普及，这里面有可能出现大的创业机会。

对于互联网创业公司来说，需要特别关注三点：一是由于网络的可复制性极强，同行间的竞争和复制，尤其是BAT（百度、阿里巴巴、腾讯）等大公司对小公司的创新应用很快就能复制，这个问题恐怕没有更好的解决办法，但是创业者一定要注意防范由此带来的风险；二是国家对于互联网的管制越来越完善，相关法律及规定逐步出台，在网站做大之后，必须要严格按照规定来规范自己的行为，同时创业者要及时关注政策的变化，进行调整；三是当网站逐步扩张成为一家公司的时候，创业者除了要考虑网站的未来发展，还要学会管理公司，管理经验需要在摸索中逐渐形成，经常与同行进行交流是一种快速提高的方法，但互联网公司要在“管理”和“创意与自由”中间把握好平衡。

草根，草根，还是草根
——蔡文胜的互联网投资

“我是处于主流与非主流、草根与精英、创业者和VC之间的结合体与桥梁，我深入了解草根，对草根有一定感情，同时我又对主流互联网企业和VC有深刻了解。出于这个特点，我开始做天使投资，而且都是互联网产业的早期项目。”在中国的站长群体中拥有极强影响力的蔡文胜，如此重复了两遍，让你感到这位“最草根”天使投资人骨子里的互联网精神。

在2000年互联网泡沫破裂时才进入这一领域的蔡文胜，从投资域名入手并获得巨大成功。2003年5月，蔡文胜看到个人导航网站的机会，创办了265.com，并获得了IDG的投资。2007年，他将265卖给Google，开始从事天使投资，先后投资了100多个项目。蔡文胜认为，和其他天使投资人相比起来，自己最大的优势和特点就是深入了解中国最大众的互联网用户及个人网站的发展，“只要有什么创新应用，可以说我能最早知道”。

投资域名时，蔡文胜可以翻遍所有中国的地方志和大英百科全书查阅对照各地地名，了解中国2000多个县每个县的人口分布、地理、特产等；做265网站时，他曾将几个中国站长网站里论坛的几万个帖子分析一遍；要做其他互联网站和投资时，他会把Alexa里前一万名网站都了解一遍，看看都是做什么服务的。蔡文胜的务实精神为其“自下而上”的成功奠定了坚实基础，在他眼里没有什么所谓复杂的商业模式，就是依靠一两个“必杀应用”在互联网里杀出一方广阔天地，用最简单和最直接的方法满足受众需求，就是其制胜法宝。

2007年开始做天使投资的蔡文胜一共投资了100多家网站，比较知名的有暴风影音、网际快车、4399游戏、58同城、ZCOM、美图秀秀、欣欣旅游、大街网、贷帮等，其中有很多家都拿到了后续的风险投资。

小时候就开始做生意

1970年1月，蔡文胜出生于福建石狮一个农村家庭，其父母联姻在当地曾是件轰动的事，因为母亲是18岁的大家闺秀、华侨子弟，外公在20世纪60年代就拥有自己的轮船公司，在菲律宾和印度尼西亚之间做运输；而父亲是31岁的穷光蛋，兄弟姐妹八人只有三间砖房。父母两家都姓蔡，当时封建观念根深蒂固，他的父母几经周折才最终走到一起，并先后生下蔡文胜兄弟姐妹四个孩子。

蔡父是公职人员，利用闲余时间做点生意，在1975年被批斗成“四类分子”，蔡文胜当时因此小学都差点没有读成。回忆起这段经历，蔡文胜表示，那时人们歧视你并不是因为你穷，而是认为你是坏人。但这种歧视反而让自己的内心更加强大，蔡文胜很早就开始懂事，从六七岁时只要学校放假，他就与父母一起劳动，种水稻、打花生，八九岁又开始卖油条、卖冰棒。

20世纪80年代，因为港片的风行，国内掀起一股习武之潮。那时的蔡文胜喜欢李小龙，喜欢看金庸、古龙的武侠小说，一天花一毛钱租来看。除了对武侠英雄主义情结的崇拜，他已经开始显现出商业天赋。1985年，15岁的蔡文胜通过香港的亲戚买了一台三洋8800双卡录音机，时价280元，翻录港台的流行歌曲，一天可录40盒，一盒空白卡带的成本为1元，翻录之后卖2.5元，一天可赚60元。他又把录音机的数量增加到8台，每天可以赚几百块，这在当时是一笔不小的收入；后来，蔡文胜发现如果能够提高翻录的速度，即可增加收入，于是他将录音机拆开，将里面的一个塑料卷盘扩大，就可以提高两倍速度。

石狮是有名的服装生产及批发集散地，当地人的经商意识非常浓厚，不少孩子在高中毕业之后就开始学做生意，不再读书。蔡文胜的很多朋友在此之前更早辍学，于是他高中没毕业便决定离开学校。当时，蔡文胜还鼓动班里一位家里做小商品生意的姓姜的同学，两人分别从家里借了500元，开始在街边摆摊，卖计算器、女孩子用的口红、粉饼等，一个月能赚几千元。他的生意发展得很快，到20世纪90年代初，蔡文胜就买了汽车，并结了婚。

1993年，年轻的蔡文胜厌倦了周而复始的工作与生活，他觉得如果维持现状，发展空间会非常有限。他开始向往外面的世界，由于家族的海外关系，蔡文胜在这一年出国了。1995年，他去了外祖父所在的菲律宾并创立了一家进口公司。在接下来的近六年中，他游历了东南亚各国，同时继续经营着家族的传统贸易业务。

1999年，蔡文胜从菲律宾回国，途经香港时第一次听说了“互联网”一词，那时的香港民众正疯狂地追捧“互联网”这个新兴概念。李嘉诚旗下的互联网概念股电讯盈科（PCCW）上市，蔡文胜偶然买了它的股票，三个月后转手卖出，就赚了400%。他心想，买互联网产业的股票都能这么快赚钱，要是做互联网产业，岂不赚钱更快？

“域名投资”，名利双收

2000年，蔡文胜在香港偶然看到一条新闻，说business.com这个域名卖了750万美元，一下子激发了蔡文胜的兴趣。对于用1块钱赚1块钱的低回报生意不感冒的蔡文胜，意识到一个域名注册费才花200块，但是好的能卖几万，利润很高，而那时互联网在中国才刚刚起步，很多中国人还不知道上网与“域名”之间的关系。他看到了商业机会，决定放下家族的进出口贸易和房地产生意，全力投身此事。

刚开始时，有价值的国际域名几乎已经被注册一空，蔡文胜不可避免地交了不少学费。他一口气注册了2000多个域名，什么类型都有，也经历过自己以为很好的域名但一个也没卖出去的情况。第一个阶段，蔡文胜把著名的网站、常用拼音、地名做成一个数据库，大概有10万个，将其中每天可能到期的500个域名里挑最好的抢注；第二个阶段，蔡文胜将大英百科全书和自己的数据库匹配，匹配出来是英文单词的再进行抢注……通过不断尝试、寻找窍门，蔡文胜将中国80%的城市域名都抢注了下来，再之后房地产和家居类域名、汽车等行业类域名、热门金融词汇类等域名，都被他收入囊中。

2001～2003年，蔡文胜的域名生意做得相当成功，他大约注册了5000多个域名，卖了1000多个，包括视频网站奇艺网域名（qiyi.com），新浪家居类域名（jiaju.com），神州租车网域名（zuche.com），Google后来使用的域名（g.cn），360安全卫士使用的360.cn，新浪微博的t.cn，创新工场的chuangxin.com、完美时空的wanmei.com、暴风影音baofeng.com、携程的xiecheng.com、优化大师youhua.com等都是从蔡文胜手里购买的。据坊间传闻，上述很多域名转让时，交易价都在百万元以上。当然，域名交易也不限国界，买家到处都有，比如西班牙一家很大的生物科技公司bionet.com就是从他手里买的。

后来中国互联网信息中心大力推广“.cn”域名的时候，蔡文胜就三个字母的“.cn”域名注册了2000多个，业界估计他手中的这些域名价值上亿美元。

凭借儿时就已经显现的商业天赋，加上自己的务实和钻研精神，蔡文胜在域名投资领域声名鹊起，并带来了丰厚的物质回报。

265.com奇迹：没有商业计划书，就获得百万美元投资

2003年以后，蔡文胜意识到买卖域名虽有暴利，但终究只是个人生意，不能成为一项长久的产业，便决定独立创办一个网站。在Alexa排名上，蔡文胜对中国排名靠前的网站重新作了一遍研究，这时，他发现了一个域名为“hao123.com”的网站，首页上密布着各种网址，没有任何其他内容和应用，只提供网名网址导航，流量却极高，排名在前100。蔡文胜再次发现了商机。

也许是因为普通话说得不标准，蔡文胜在学会拼音输入法之前，用坏了三个写字板，经常苦于如何把网址发音准确地输入浏览器地址栏。因此，当他第一次见到hao123时，蔡文胜觉得这正是自己最需要的网站，因为只要把hao123设为主页，广大和自己一样有此需求的网民就不用再痛苦地记住和输入网址了。他决定用265.com域名做和hao123类似的网址导航网站。

2003年5月1日，265网站正式开通，推出当天点击量就达到了5万人次。到2004年中，265.com的日流量已经超过百万，这时蔡文胜在没有商业计划书的情况下获得了IDG资本百万美元的投资。

蔡文胜成为草根站长中第一个获得VC投资的，这种光环效应让他迅速成为站长们的大哥。2005年4月，蔡文胜在厦门连续两天举办首届“中国互联网站长大会”，邀请了国内流量最大的150名个人网站站长参加，并提供

路费和食宿。之后在2006~2007年，蔡文胜又连续举办站长大会。这些事情让蔡文胜至今引以为豪。

与此同时，蔡文胜与hao123的创始人李兴平一拍即合，后者对用户的理解和对产品的敏感度让他相当“崇拜”。2004年下半年，两人合作做了一个小游戏网站4399.com，主要为用户提供免费的flash小游戏。2008年，网页游戏市场开始爆发，4399也及时引入，凭借之前积累的人气迅速实现赢利。目前拥有数亿用户的4399已成为国内最大的休闲娱乐平台。

卖掉265，投身天使投资

由于互联网应用起步晚于美国，在2000~2004年的中国，网址导航站和搜索引擎之间有着紧密的结合：高端用户知道如何直接输入网址，或者通过搜索引擎查找，但大量低端用户并不知道怎么输入网址，更不会利用搜索引擎，大多是从网址导航站开始上网。而这些网民接触的第一个搜索引擎会决定他将来用什么产品，当时每天从hao123上导向百度的流量超过千万，最终在2004年8月，百度收购了hao123.com。

谷歌中国同样看到了网址导航站的价值，在2007年收购了265.com，有坊间传闻称代价为2000万美元，且不包括g.cn域名的费用。虽然蔡文胜并没有透露过具体金额，但此番个人网站创业的成功又为他带来了丰厚的回报。

卖掉265之后，蔡文胜开始涉足天使投资，除了自己还在经营4399网站外，他为外界所熟知的身份变成了天使投资人，先后投资了暴风影音、58同城、网际快车、ZCOM电子杂志、CNZZ数据统计、中国站长站、易名中国、美图秀秀、欣欣旅游、大街网、贷帮等诸多成长型创业项目，他表示：“一开始纯粹是帮一些创业者和朋友的忙，后来慢慢找到了满足感和成就感。”

蔡文胜投资风格

一、投资的阶段比很多其他天使投资人要早很多；二、投资出发点不是看以后做多大和赚多少钱，而是更看重现在的用户数是多少；三、投资速度很快，很多项目还没签订合同钱都已经打给对方了；四、投资规模原则上不超过200万元，一般在几十万到500万元之间，只做前期投入不是特别大的事情，如果要靠烧钱才能做大的一般不会投。

吕谭平

市场不断变化，最不可取的是急功近利

创业不可能一帆风顺，所有办企业的人都不该怕曲折，没有经历过低潮的企业是经不起考验的。我1985年和柳传志合作前，当时的经济形势不好，很多创业企业觉得没必要继续，就因此转了方向，但是我们选择了坚持，挺过了难关。之后联想第一年就赢利了。

微心得

天使投资是一种风险较高但充满乐趣的活动，运气好会从中获得很好的回报，但如果运气不好也会因此输得血本无归。

从没有经验到一个成功的风险投资人是要交学费的，这个学费是多少呢？2000万美元，就是你赔够这个数，就等于对这个行业有相当深入的了解了。

对于新生的企业无疑是限制越少越易于发展。如果政府采用家长制管理或者放权不足，就会导致很多企业的生长空间受限。长远来看，让市场来判断和决定，更符合企业的发展需要。

如果一个创业团队的成员先把自己的房子作了抵押，向亲戚朋友借钱，放弃了原来公司的工作……这些无疑都向投资人表明创业者是有追求的，为了事业断了退路，天使投资人才敢拿出更大的筹码和信任。

我们在投资一家公司以后，无论发展情况是好还是坏，我们都希望帮助它。如果创业者报喜不报忧，问题就会越来越大；如果很真诚地沟通，还可以一起想办法改变。我们不是投了钱之后就不管了，也不会把企业管死，而是从旁协作，利用人脉关系和管理经验来帮助它。

创业必须有伙伴。没有思想的碰撞，没有头脑风暴，创业就会在经验上存在缺陷，不可能有良好的成长。但是创业团队的规模也不适合太大，如果人太多，思想就不容易统一，一般两三个人比较合适，而且成员能够同甘共苦很重要。

真正的天使投资是对企业雪中送炭而非锦上添花，虽然做天使投资确实是一种挑战，但在挑战中体会将团队带入成功轨道是一种更大的成就感。

短平快的投资模式不适合创业

最早期的天使投资对企业来讲就是雪中送炭，后期的投资更像锦上添花。中国真正的天使投资人还比较少，最近三五年，很多商业上已经成功的人想通过这种渠道来影响和指引下一代，虽然此时天使投资人在增加，但还远远不够。当然，投资失败的案例也很多，但是，如果一个成功的案例可以覆盖十次失败的，那么天使投资对社会的意义仍然很宝贵。

很多人都可以做天使投资，但真正合格的天使投资人要具备三种素质：一是期待有回报但能输得起；二是要有不断更新完善自己的动力；三是要有足够的时间投入。这样的天使投资人才能满足中国资本市场的长远需求。

美国市场更趋向于创新，中国市场则更倾向于复制，同时有些政策的局限在一定程度上限制天使投资的方向，而对于新生的企业无疑是限制越少越易于发展。如果政府采用家长制管理或者放权不足，就会导致很多企业的生长空间有限。长远来看，让市场来判断和决定，更符合企业的发展需要。以TMT产业为例，它本身对国家资源的依赖并不大，不需要很多土地、能源等实体资源，而是需要思想、创新，这个行业的发展提升了国家的竞争力，增加了税收，并且在一定程度解决了社会就业问题，国家更应该鼓励这个产业的创新和发展。

在硅谷，天使投资通常是已经创过业成功之后的人士回馈社会的一种渠道，比如美国一些大学会邀请这些成功的创业者来学校作讲座，或是有的学生请教授提供一些经验或是介绍人脉。于我而言，我更青睐专业与我相近的创业团队，因为能让我比较感兴趣的不仅是给钱，而是给予更多经验的分享。

作为天使投资人，如果已经投入了，最好假设这笔钱已经丢了，不要指望它能很快带来回报，要能输得起。同时，投资人是否具备不断自我更新的能力也很关键。天使投资人要跟得上行业的发展和市场的变化，并及时总结投资失败的经验。更重要的是，天使投资人对待创业团队要有足够的耐心，和他们分享经验，提供建议。对于已经获得基本投资后的创业团队，更需要经验和引导。如果天使投资人过于关注回报，就会对新产品研发趋于保守，阻碍公司的创新和突破，或者要求企业去做急功近利的事情，来获得短线的利益回报，这种模式更像投机而不是投资。实际上，做VC一般要投入5～10年，做天使投资则要投入10～15年，才能见到真正的收益。比如我所投的硅谷项目，投了3～5年后才去拿VC基金，这期间要给予企业连续的指导，包括财务、团队、营销等方面。短平快的投资模式并不适合创业，想挣快钱的人也确实不适合做天使投资。

天使投资人应该追求共赢的状态。所谓共赢，一是赢在天使投资人与创业团队之间；二是赢在天使投资人与后续接盘的VC之间。

最核心要素：天使投资人与创业团队价值观匹配

选择投资项目时，我更关注创业团队的素质。不少创业企业想很短时间内就把公司做上市，我不认同这样的想法。创业是很实在的，创业者要有足够的责任心和使命感，不花上5～10年的时间很难做出真正成熟的企业。天使投资人与其盲目地把时间和金钱投入到10家只为圈钱的企业上，还不如去发现一个有耐心、有事业心、长远发展的团队。

目前在中国只想挣快钱的创业团队比较多，真正想成就一番事业的相对少。实际上，打算挣快钱的团队也很难获得天使投资人的足够信任，如果一个创业团队的成员先把自己的房子作了抵押，向亲戚朋友借钱，放弃了原来公司的工作……这些无疑都向投资人表明创业者是有追求的，为了事业断了退路，天使投资人才敢拿出更大的筹码和信任。相反，如果天使投资人输了，而创业者没输，只能说明这种创业只是为了圈钱，没有真正的追求。

所以，选对人才能做成企业，天使投资人要想赢就要选对团队。在我看来，天使投资人和创业团队价值观匹配是最核心的要素。如果创业团队的素质和价值观没问题，即使商业模式有问题，也有潜质进行调整和完善。市场是动态的，在不断变化，选对人才能适应随时变化的市场。

当然，一个有足够事业心的创业团队，也许其商业模式并不够强势，在这种情况下，我更看重创业团队的想法。我希望创业者明白，并不是所有天使投资人的判断都是对的，一个基金不投你，也许有很多原因，投资人的决定并不完全代表这个项目行还是不行，你自己认定了创业就不要放弃。当年Google、亚马逊的创业者所找的第一笔投资都没有成功，而他们坚持下来，做出了非同一般的成就。

天使投资人通常很容易发现，创业者是为了圈钱还是想做一番事业，也能够判断出创业者是否愿意沉得下心做事业，是否能坦率、透明地与投资人沟通。越是透明和公开的创业者，越容易得到信任。强大的事业心，足够的自我投入，才能换来天使投资人的更多投入，相反没有自身的投入，只想要天使投资人投入是不可能的。

相应地，创业者也要多了解天使投资人，看其是否公平，避免出资和占股不对等。创业者和天使投资人也是一种双向选择的匹配过程。所以，在投资之初，我们经常建议创业者想清楚，为什么要创业、凭什么去成功。梳理好这些问题，是对创业的理性规划，也是后期成功与否的基础。

同时，天使投资人是否投资某个项目通常取决于介绍或推荐。一个由老师、朋友或者有社会知名度的人士引荐的创业团队，通常容易得到天使投资人的信任。朋友介绍给我的项目，我会更多考虑。但是，即使是朋友介绍的创业者，如果只为融到钱，或是很主观、过于自我，或者只是为了利用投资人的名望，那天使投资人也不会考虑。

从投资金额的角度来讲，天使投资相对于后期的VC/PE要小很多，但投资人一般都为团队倾注更多的时间和精力。我个人认为，天使投资人给予一个创业团队的资金并不是最重要的，向团队分享创业经验，为团队配置不同的资源，提供所需的人脉，配备关键的团队成员，与团队一起研讨战略，是更具实际意义的财富。一个创业团队有了好的基础后再吸引风险投资并不难，但是基础不好则很难成事。

做良师益友，和创业团队一起成长

概括我的投资逻辑，人+市场机会（潜力）+创新（技术含量），这三点应该是创业成功的必备条件。当然，我并不要求每个创业团队具备以上所有的条件，不要求大而全，要给予他们成长空间。

盈利性是一切经济活动得以存续和发展的根本条件，做天使投资也必须谈到回报率。事实上，做得好的天使投资人在某个案例上创造几百倍的回报率很正常，通常来看，平均回报率也有十几倍。就我个人而言，更重要的是从投资中学经验，以便在下一个投资项目有所借鉴，减少失败。天使投资是一种长线活动，要花时间做，有的项目可能三五年都没有收入。所以公众大可不必感觉天使投资回报丰厚，就一窝蜂地都来做。毕竟，投资不是投机，成功的天使投资人必然更要耐得住寂寞，禁得起考验。

天使投资人要与创业团队建立“良师益友”的关系，而非简单的“监工”。如今专业创投变得越来越重要，因为事实证明，专业化的投资者由于懂行业，更易与创业者沟通，更有能力运用自身的经验辅导企业成长，让企业通过自身进步认识到投资者的价值，并建立更加密切的合作和战略关系。相应地，有责任心和事业心的创业团队也应该树立“对股东负责”的基本原则，认识到股东和管理团队利益的一致性，力求做到相互信任，坦诚交流，消除由于信息不对称而给投资人带来的忧虑；通过交流，还可让投资人及时了解企业的需求，并利用其优势提供有效的帮助，提高成功的机会。这种“与投资者有效沟通”意识的养成，将为公司成长的各个阶段打下良好的基础。

天使投资人要和创业团队一起成长，天使投资人虽然不是创始人，不是CEO，但也是关键的角色。有的投资人只给钱，不参与团队，财务报表也不看；有的会融入团队，帮忙但不添乱。对我而言，如果企业需要我，我会多花点时间在团队；如果团队已经很好了，我就不多插手，给团队更多空间。不同的团队各有特色，老一代人更倾向于循规蹈矩，新一代人创新更多。团队的成员也有差异，有的人能力很强，但不适合带团队，有的人更善于带团队。有时因为团队差异问题，沟通不够彻底，改革就推不动，这种情况下如果有比较好的董事会成员，比如有一两个天使投资人引导一下，协助处理下团队关系，可能会更容易地突破瓶颈。天使投资人需要有足够的包容心去带团队，体会团队的成长，要把团队看成自己的一部分，对于一个有朝气、有希望的团队，付出和回报是成正比的。

我们在投资一家公司以后，无论发展情况是好还是坏，我们都希望帮助它。如果创业者报喜不报忧，问题就会越来越大；如果很真诚地沟通，还可以一起想办法改变。我们不是投了钱之后就不管了，也不会把企业管死，而是从旁协作，利用人脉关系和管理经验来帮助它。

天使投资人要防止一种情况：创业者融资之前讲了一个想法，融资之后却把钱花在别的地方。如果我们投了创业者第一笔资金，他就拿去买房，那我马上就会停止投资，并且会起诉这个企业。

创业初期融资太多未必是好事

有些初期创业者希望通过大量融资来快速占领市场，这种想法在一定程度上可能有助于提高企业竞争力，但是如果基础不扎实而快速获得大量资本，未经波折地成长，对企业来讲反而可能是坏事，会置企业于更大的风险中。

不排除有的人通过前期大量融资，迅速跑马圈地，然后再找到适合的商业模式，再研究公司怎么赚钱。这个套路很适合互联网领域，但并不是适用于所有行业的普遍赢利模式。如果把握不好分寸，很可能陷入急功近利的陷阱，不利于企业的长远发展，也剥夺了企业经受实际历练的机会。

创业初期融资太多未必能降低风险，也未必是好事。融到钱不代表创业就能成功，相反，融资太多，企业就很难把预算和规划做细。现在有的创业公司融资太多，很像烧钱，虽然不排除他们跑马圈地可能成功了，但这样的途径总让人感觉虚了一点，市场环境改变时，很难说他们是否能抵御。

另外如果前期融资太多，企业规模太大，员工人数太多，在公司管理方面也会出现更多问题和风险。就像柳传志经常说的，单个球员累加不等于就组成了球队，一个能成功的团队需要足够耐心的培训和充分磨合。

当然，也要根据创业企业所处的发展阶段来判断和评价，如果企业已经度过初创期，积累到了一定程度，具备了相对稳定的客户和发展平台，那么融资额度大未必会引发高风险，这种情况要好很多。但是，刚创业一两年就融到好几个亿，风险就会很大，毕竟还没有经过考验，商业模式也尚未成熟，承受市场风险的能力还有待磨炼。

没有经历过低潮的企业是经不起考验的

不同人的追求是不同的，有的人喜欢创业，有的对创业不感兴趣而更喜欢做职业经理人。毕竟创业面临很多不确定性，不仅收入不稳定，而且存在各种挑战。面对这种不确定的环境，创业者的性格和价值观尤为重要。既然选择创业，就先不要看钱，而是要想清楚自己喜欢做什么事情，去做哪个行业可以成功，在创业和稳定之间作好衡量和选择。通常人生经济负担相对较小的阶段，在积累了一定经验后很适合参与创业。要有一个对自己负责的规划和决策，才能赢得天使投资人的信任，然后才能吸引投资人进入商业模式的讨论和推进后期的合作。

同时，创业必须有伙伴。没有思想的碰撞，没有头脑风暴，创业就会在经验上存在缺陷，不可能有良好的成长。但是创业团队的规模也不适合太大，如果人太多，思想就不容易统一，一般两三个人比较合适，而且成员能够同甘共苦很重要。如果有经验的人能带好团队，那么团队通过吸取经验，势必可以少走弯路，避免浪费不必要的时间。

很多成功是偶然的，是运气，但是有些失败则是必然的。通过这些年的投资经验，我们发现，一个创业团队从第一次形成融资的想法到最后公司上市或转卖，获得成功了，公司最初的想法和最后的结果差异往往很大，甚至商业模式也完全不同。在不断变化的市场环境中，创业的走向更取决于创业团队的决策：企业是向左走还是向右走，是迈步还是静等。但是，无论如何选择，最不可取的都是急功近利。

创业不可能一帆风顺，所有办企业的人都不该怕曲折，没有经历过低潮的企业是经不起考验的。我1985年和柳传志合作前，当时的经济形势不好，很多创业企业觉得没必要继续，就因此转了方向，但是我们选择了坚持，挺过了难关。之后联想第一年就赢利了。风险投资也是这样，如果没有经历过迂回曲折的周期，投资也不可能成熟。创业也是一样，只有渡过几次难关，才知道如何处理各种情况，公司才能真正成长和发展。

反对签对赌协议，不信任就不要投

关于后面VC的接盘，天使投资人与VC的良好合作基于双方对项目的理性估值，通常通过比较可以提供一个价值参数，一般都是VC根据市场向公司提供报价，当然估值也是随市场变化的。不过，在这个环节中，存在一个两难问题，或者说是对天使投资人的不公平：正因为天使投资人曾与团队同甘共苦，所以，当企业再次陷入困境时，比如没钱发工资了，在没有别的求救途径时，公司往往再次转向天使投资人，而基于半个创业者的角色，天使投资人也通常会再投钱进去。这样就很难避免出现VC压天使投资人的情况，VC对天使投资人的苦心未必认可。所以，创业公司在后续融资挑选VC时也应该慎重考虑，判断某家VC是否相对公平，管理建设的整体规划是否合理，避免VC压过天使投资人之后又压创业团队。

在选择VC这个问题上，天使投资人可以就融资多少、占多少股给团队提供建议。VC占多少股由投资多少而定。我个人的观点是，一般VC占股太多不好，相反给创业团队占大股的机会，他们才有足够的积极性。VC接盘后，天使投资人是否有发言权，要看股份和公司经营情况、商业模式和团队是否够强势。我比较反对签对赌协议，所谓“对赌”，很容易变成一种内耗。如果不信任就不要投了，既然投了最好选择信任，这就是我前面说的价值观匹配和市场的诚信环境。在现实中，夸大业绩或是将公司业务转给关联公司的情况也不少见，市场整体的诚信环境有待改善。同时，各方应该和谐共处、共同发展，建立有效沟通，而沟通的最终目的就是使双方在合作中不断调整心态，找到最佳的合作切入点。

从香港联想总经理到天使投资人
——吕谭平的丰收时刻

吕谭平如今为外界所知的身份是清科集团董事长，少有人知的是，他曾是香港联想的创办人之一，与柳传志有多年合作经历。从联想退出后，他开始涉足创投领域，曾创立华美科技创投基金、翱科创投基金、Startup Capital Ventures等。正是这位自嘲为“香港的农民”的商场老将，近年来在中国的天使投资这块尚待开垦的土地上辛勤耕作，希望换来一个个丰收的时刻。

不甘心给别人打工

吕谭平祖籍广东惠州，他的父母于20世纪50年代移居香港，栖身于新界，哥哥姐姐都在内地出生，1957年他在香港出生。到五六岁还在读幼儿园时，吕谭平的父亲去世了，突然间家道中落，生活一时陷入贫困，仅靠母亲种菜为生。但那时的吕谭平年少无知，尚不知勤奋，只因为天赋尚可，考入一所不错的中学，但付不起学费只好又回郊区念书。家境的贫苦使吕谭平有数次转学的经历。

“我们那时相当于香港的农民，我觉得自己很穷，唯一能做的就是把书读好。”抱着通过读书改变家庭和命运的想法，中学毕业考试失败后的吕谭平猛然意识到，必须开始思考未来了，他下定决心必须改变自己的人生。当时很多同学到英国留学，因为香港的大学非常难考，他也决定到英国去读书。

吕谭平半工半学，靠打零工积攒了一些盘缠，又向母亲讨要了家里的积蓄，才换了一张机票到了英国。正是这张只有去程没有回程的机票改变了吕谭平的一生，那是1975年，他才18岁。

回忆起当年的经历，吕谭平表示，正是年少的苦难成为自己后来投身创业的原因。到了英国后，吕谭平在伦敦大学帝国学院计算机科学专业学习，1980年毕业后，以该专业第三届毕业生的身份进入英国一家从事应用软件开发的公司工作。当时还没有微机，IBM的PC还没有上市。

毕业后的吕谭平结婚成家，年轻而充满浪漫情怀，也经常携太太观赏舞台剧和歌剧，凭着自己的天赋和才华，又获得当时世界最尖端科学的培训，他试图走出童年时的贫苦阴影，过上富有的上流生活。

“华人都有两个心理：一个是创业心理，一个是赌博心理。前者是一种宁做鸡头不做凤尾的意识，后者是一种敢于冒险的精神。”吕谭平不甘心在英国给别人打工，在软件公司工作的时候，他就开始留心创业的经验：看别人怎么办公司、需要什么条件、市场怎么样……1982年，吕谭平放弃了在英国的高薪，决定回到香港创业。

偶遇柳传志，一同创立香港联想

回到香港之后，吕谭平前半年主要了解香港电脑市场的情况。IBM于1981年年底推出了PC机，这成为一个新潮流，而当时香港电脑市场刚兴起，创业机会不错。经过判断，吕谭平决定做IBM在香港的代理商。

吕谭平召集友人成立了一家名叫导远的软件公司，以其特别身份及奋斗精神，导远迅速开辟了局面，以至于当时香港各大企业和全日本百货商店最早使用的电脑应用系统均出自于导远。导远成立一年后便获得了IBM授权，成为第一批IBM中国业务代理。

1983年，导远的业务开始立足内地市场，他们的代理以技术型、服务型为主，提供非常专业的服务，正是在那个时候，吕谭平跟中国科学院研究所打上了交道，与柳传志和日后成为中国最大计算机公司的联想公司结下了密切的关系。

联想最初创立于1984年11月，并于次年推出了第一款具有联想功能的汉卡产品——联想式汉卡，但这个“汉卡”是将电脑英文系统改变成中文的一个工具，如果联想公司不能够拿到国外电脑的代理权，只有汉卡，在业务上也很难有大的突破。

自然而然地，柳传志开始考虑能否取得国外品牌电脑的代理权。当时像IBM这样的大公司根本没有信心在内地寻找合作伙伴，他们一般都寻找香港的代理公司。所以，柳传志的目光瞄向了香港，从而认识了香港商人吕谭平——IBM在香港众多的代理商之一。

1986年4月，柳传志从吕谭平那里代理了500台IBM机器，并将后者的利润压得很低。吕谭平说没有问题，这证明他不贪，有合作的诚意；后来柳传志又从他那里拿了一单兼容机生意，由于质量不太好要求更换，他照办了，这说明此人讲究诚信……经过几次合作与测试，吕谭平最终取得了柳传志的信任。因为吕谭平和国外的PC公司有较长时间的业务积累，导远本身就是多家国际电脑厂商的代理，柳传志最终决定和吕谭平合资成立一家香港公司，这样北京联想公司就可以间接获得国外电脑的代理权。同时柳传志又进一步考虑到合资公司一旦成立，代理国外品牌机势必需要大量的资金，导远和联想都没有多少钱，向银行贷款根本不可能，于是，柳传志把父亲柳谷书掌控的中国技术转让公司拉了进来。

1988年6月，北京联想公司和导远公司、中国技术转让公司合资成立了一家新公司——香港联想电脑有限公司，目的是做代理。同时柳传志说服了父亲，让吕谭平成为香港联想的总经理。

1994年2月，香港联想顺利上市，吕谭平当时是该公司最大的个人股东，持股达12.5%。这也成为吕谭平创业生涯中的高峰，虽然后来他离开了联想，但因为持有大量股票，早已是身价亿万的富翁。

离开联想，开创创投人生

香港联想上市后的第二年，由于内存条积压减值，亏损上亿。1996年4月，香港联想公布了1995~1996年的业绩，亏损1.9亿港元，受此影响开市后股价一路下跌，从1.33港元跌到0.295港元。为了救市，柳传志最终决定将北京联想和香港联想的业务进行整合，并决定让吕谭平退出联想。

离开香港联想后，吕谭平于1997年怀揣2000万美元在硅谷创立了华美科技创投公司，这也是当时国内第一个专注于硅谷及中国高科技投资的创投基金。据吕谭平透露，接受华美投资的多个项目，已通过上市或并购带来可观回报。

2000年，吕谭平又成立了第二个创投基金——翱科创投，该基金专注于信息科技产业和半导体产业，投资对象包括软件设计和芯片设计等初创公司，主要面向互联网、电子商务、无线和移动增值服务、消费电子、计算机和通信市场等。

2005年，吕谭平与硅谷银行前董事会主席兼执行总裁丁毅（John Dean）及其他数位合伙人共同创立了一个新的创投基金——Startup Capital Ventures，该基金重点投资于硅谷及中国的初创公司。

除此之外，吕谭平表示，自己从1997年离开联想后，在硅谷近8年时间一直做天使投资，到2005年为止，大概投了50余家公司。他在内地也投资了包括清科集团、易车网等在内的多家公司。“作为天使投资人，我希望利用自己先前的管理经验、创业经验来帮助那些有创业心、有事业心的年轻人。在我看来，无形资本的投入对创业者更具有长远意义。”吕谭平这样表示自己坚持做天使投资的决心。

吕谭平投资风格

一、倾向TMT领域的投资；二、所投项目里一类是以经济回报为目的型，另一类是需要自己帮助，经济回报不是主要参考指标的项目；三、投资最看重人。

杨向阳

我今天做的事情不是为了明天，而是为了 20 年以后

一个小伙子刚从校园出来，就能见到李开复、徐小平、雷军这些投资人，对他有很大的帮助和思想上的鼓励、提高；或者拿到了一笔天使投资，那未来他成功以后也会这样做下去，会比我们这一代更自觉地去做这件事，这就是一种传承。

微心得

做天使投资不要把它看做纯粹的生意，因为毕竟都是特别早期的项目，有可能是看不清商业模式的，如果仅仅把它看成一门生意，早期来讲是比较难的。

人都愿意做容易的事，不愿做困难的事；愿意做稳当的事，不愿做冒险的事；愿意做大收益的事，不愿做小收益的事；更愿意做更快看到利益和结果的事，不愿做需要等待和培养才看到成果的事。这样的趋利和急功近利的文化是现在发展天使投资的难处。

我们不能老停留在否定、怀疑的状态，那样是困人困己，这个社会需要一帮人起来做给大家看。既然想推动这个社会的进步与发展，用什么样的自己擅长的方式来发挥作用？我们觉得，如果能够鼓励很多年轻人去创业、创新，那就很好。

在生物医药领域做天使投资，挑战和困难相比其他领域更大，比如启动资金需求大、项目发展周期非常长，影响因素特别多，作前期判断特别难。所以，我不建议大家到这个领域做天使投资，因为这个领域要投资的话基本都不是天使了。

天使投资人一定要明白，这个企业永远都是创业者的，投资人要低调，不要抢风头，心态一定要好，你只是帮助他，而不是自己来做。

组织天使会，就是想把这个理念传播得更远，把这个概念搞得更明晰、更透彻，让愿意去做天使的人有一些规律、有一些知识、有一些路径，慢慢就会形成很大的联盟，成为一种风气。如果每个企业家都去关注身边创业的人，那这个国家的创新就会有很大发展。

愿意做天使投资的人，更多的并不是在意经济上的东西

推动社会进步的很大一部分力量就是创新创业企业的发展，而创新创业企业的发展很大一部分则依赖于天使投资。如果能让很多人来做天使投资，对国家经济的发展肯定是有好处的。我认为，天使投资不仅仅是一种投资手段，更重要的意义在于推动中国出现一批真正具有创新精神的企业。

创新和创业确实需要一种氛围和环境，就是年轻人有好的想法、好的创意、好的志向要去创业。那么最难的就是第一步，在这个阶段有两个要素必不可少：一个是最初始和早期的创业资金，另一个就是创业辅导。这两个因素看起来是金钱和经验，其实是一种信心，具象为资源，这就是早期启动的资本，这时天使投资就能起到非常大的作用。

愿意做天使投资的人，更多的并不是在意经济上的东西，而是骨子里有鼓励创新的精神和情怀，愿意鼓励创业者起步，一个真正好的天使投资人要有这种理念。当然这并不是说做天使投资一定要吃亏、一定要亏损。

对每一个天使投资人来讲，个人做的事情再多也都是有限的，所以我们希望能形成一个团体和规模，决定成立“天使会”。天使会要推动天使投资在整个中国被认可、接受，并让更多人愿意来做天使投资，真正起到促进天使投资发展的作用。天使会的目标不仅是针对创业者去做一些投资，而是要放大效应，传播理念、引发风潮，让更多人参与进来。

很多普通人都能做天使投资

其实很多人都具备做天使投资的能力和条件，对某一个创业项目支持投资几万块钱的应该大有人在，只不过缺乏这种意识和知识，缺乏这样的风气。所以我们想，如果能在中国推广这种意识和风潮，让很多具备做天使投资能力的人都加入，那就对整个国家发展和促进企业创新起了很大的作用。

有人说，对年轻人有情怀、关心国家和社会的未来与年轻一代的人、愿意为年轻人付出和具有牺牲精神的人才适合做天使投资。事实上“天使”这两个字不过是一个代名词，是国际上通用的一个说法，我们没有人把自己形容为天使，没有以天使自居。我们只不过在思考在这个时代，想做点对国家的创新最有帮助的事情。

中国现在有意无意地在做天使投资的其实有很多人，很多企业家、成功人士都在给身边的人做投资，这些人可能投资他的亲戚、某个朋友、某个同学，或者同学的朋友、朋友的同学……他就会抱着一种心态，我就给你投资这么多，你去做吧。

但我们认为，关键是能否从一种不自觉投资变成一种有意识投资，有意识了就会去联合，比如这个事情他也看不太清楚，但是他知道某某人也能做，就可以拉着别人一起做。比如我知道创新工场很好，那我这个项目可不可以找到创新工场一起做？从自发、天然、朦胧的做法能够慢慢地走到自觉、有意识的阶段，那这件事情就变得更有意义了，就上了一个台阶，能逐渐形成一种规模和氛围，真正去帮助能“促进创新”的这种早期项目。

就像现在谁都想做PE，但是你看10年前、15年前，哪有多少做VC/PE的？现在已经成了风气了，成了一种朝阳行业。但是再往前呢？最大的动力、最大的种子是在天使投资这里。我个人认为，李开复创办创新工场是有一种情怀，如果只是为了商业目的的话他完全有更好的选择。做天使投资很辛苦的，但他选择来做是因为真的愿意推动某一个新生事物的发展，他做了在这个时代的中国最需要去做的事，更多的是可以起到一个示范效应。

现在李开复正在被很多人模仿，比如说上海、深圳、福建都在搞类似创新工场的早期投资孵化平台，这就是他在这个时代里对这个社会作出的最大贡献。从这点说，李开复已经成功了，他唤起了一个该醒来的领域。我们组织天使会，就是想把这个理念传播得更远，把这个概念搞得更明晰、更透彻，让愿意去做天使的人有一些规律、有一些知识、有一些路径，慢慢就会形成很大的联盟，成为一种风气。就像一个国家如果每个人都注重教育、每个人都帮助办学，那么这个国家的整体教育水平一定很高，那如果每个企业家都去关注身边创业的人，那这个国家的创新就会有很大发展。比如在硅谷，除了有很多VC/PE，还有非常多的天使投资人，他们对整个区域乃至这个时代的经济发展起着非常重要的作用。

天使投资就像保姆和农夫

某种程度上，天使投资就像保姆和农夫一样，去抚育、浇灌、照顾还处在襁褓中的幼儿企业，但是现在整个社会比较急功近利，没有人真正愿意做这种费力不讨好、回报周期又长的早期投资。做天使投资不要把它看做纯粹的生意，因为毕竟都是特别早期的项目，有可能是看不清商业模式的，如果仅仅把它看成一门生意，早期来讲是比较难的。而且这门生意还需要很多的配合，和整个大的商业环境有关——天使投资人给了创业者启动资金，有了最早的支点，那接下来怎么走，是不是有很完善的VC能够接得上；如果做产品市场，是不是有政府管制，是不是有很多复杂的关系需要去搞定？创业涉及的其实是整个生态链，没有人推动这个事情，就会淹没一批创业的种子。尤其是愿意创业、有创业激情、未来可能成功的这批创业者，在早期时需要启蒙和支持。

机构投资者找到早期相对有价值的项目都是很难的，IDG在中国是最早的VC了，它投的很多项目已经算是比较早期了，但天使投资做的其实比IDG还要早期。现在VC/PE都在讲一个观点，就是不可能再仅凭着一纸商业计划书就给创业者钱了，作为创业者该怎么办呢？VC/PE那种居高临下的态度是对谁说的呢？就是对那些有好的创意和创新点但没钱、没资金的创业者。如果创业者到了能像模像样找到VC融资的时候，早已过了最艰难、最缺资金的起步阶段。但是在拿到VC/PE的钱之前，实际上有很多创业者和好的创业项目最后就被湮没掉了，因为他们在早期缺乏资金支持。这个阶段在中国目前是一个很大的空白。

天使投资的难处：急功近利文化

天使投资的难处首先在于传统文化观念，对成功的功利化追逐。人都愿意做容易的事，不愿做困难的事；愿意做稳当的事，不愿做冒险的事；愿意做大收益的事，不愿做小收益的事；更愿意做更快看到利益和结果的事，不愿做需要等待和培养才看到成果的事。这样的趋利和急功近利的文化是现在主要的难处。

整个社会这样想问题，有它的道理，但现在我们要去揭示做天使投资是有意义的事。一方面确实有它的商业意义，比如2004年PayPal创始人泰尔

（Peter Thiel）给Facebook的50万美元，就是天使投资，他今天的收益很高，也就是说做天使投资可以有很好的商业回报。第二层意义是可以实现你很多事业上的抱负和理想，比如有的人，他的家人得了癌症，那他可能就会放一些钱对抗癌的项目进行投资和帮助。在这个过程中，他慢慢地就会成熟，会学到很多东西，之后他的投资就会越来越清楚。

我之前讲到的这种趋利文化从何而来？其实和社会现实以及社会结构都是有关系的。整个社会都在鼓励你去成功、有地位、有权势，否则生活就会很辛苦。这种文化促成了这种制度的产生，这种制度又培养了这种文化，这样一来就没有非常公平、干净的市场，而是一切以趋利为导向的市场。任何一个创业企业都要针对一个市场，没有市场的产品生命力就不强，而市场又可以细分为多种：做出完全成型的、规模化的产品被消费者去采购，这是一种市场；知识产权技术被机构和组织购买，也是一种市场；还有一种市场，是不用生产出成型的产品或已经完成的技术，可能只是一种创新的模式、创新的理念和想法，也能被市场或资本接受，愿意为这种创新买单。比如在美国纳斯达克，有很多企业没有盈利，就是一个创新的、有前景的概念就可以上市了，但这种市场在中国还没有，就造成了创新企业重大的困境。

另一个问题是市场不规范，比如一家全新的小企业要进大商场渠道，成本很高、门槛很高，进不去；或者你要做某项无线的创新应用，要去和电信谈，大公司还有一定的谈判机会，小公司连谈的机会都没有。这其实就是没有一个很公平的市场环境，产品环境有很多关卡，资本市场也有缺陷，人们的意识还是只看结果、不看源头……种种不利于天使投资的问题，究其原因，还是社会形态、社会机制导致的，它们会催生一种只求结果、不管过程的功利文化，而这种文化又反过来会强化这种机制，主观和客观相辅相成。

有种观点认为，美国企业只需要概念就可以上市，是因为美国具备诚信的商业文化，而中国没有，所以对很多所谓的“创新”我们要更加严格监管和审核。我认为这种观点存在很大问题——即我们天然地、一直认为自己就没有诚信，政府也这么认为：因为我们没有诚信所以要管，某种东西可能造假所以要管……最后管好了吗？所以，不能先从道德层面去判断某个东西是否缺乏诚信，而是要订立规则，市场需要管但前提是要定规则，其次才是管的问题。如果规则缺失，没有依据地对所有创新的东西都持怀疑和否定态度，那么创新的文化和市场环境就永远建立不起来。

现在的实际情况是，对于天使投资，喊的人多、做的人少。大家都说中国缺乏天使投资人，但又没有多少真正有钱、有实力、有资源、有经验的人去做，倒有一大帮人扎堆在VC/PE里，都能慷慨激昂地把理由说得头头是道。其实，最根本的原因还是他们能够吃到更好吃的、能够搞到更容易的事、赚到更容易的钱，他为什么要去做天使投资呢？做VC回报率可能是10倍，做PE回报率可能是20倍，而做天使投资回报周期很慢，回报倍数具有很大不确定性，那么为什么有人去做？现在的一个现实情况是，V/PE在中国充分竞争和发展，客观上需要天使投资来衔接，VC/PE的钱很多，但是找不到好项目，天使投资人就可以把项目在前期给培育孵化起来，VC/PE加上天使投资要做接力，不能直接到IPO。

身体力行，推动“中国制造”到“中国创造”

现在做天使投资，一个有利之处是退出环节已经相对成熟，很多VC/PE等着接盘。但没有前期的种子很难开出后端的花，很多人对“创新”这件事持怀疑态度，一方面认为商业环境缺乏诚信机制，另外一方面认为中国根本就缺乏“创新”的基因和血液。我听到很多人说为什么只有“中国制造”没有“中国创造”，为什么中国产生不了Google，产生不了Facebook，产生不了苹果，因为我们都是把美国好的模式直接复制过来，本土的创业者根本就缺乏创新性。中国创业者的创新能力被怀疑，你说哪还有人敢去投身天使投资，支持这些项目呢？

我向来对这种说法持这种态度。这些事情需要在发展过程中去解决，如果说整个社会环境已经有诚信机制，有好的法律体系，创业者都有好的想法和创新能力，等等，到这个时候再来做鼓励创新、做天使投资相关的事情，这就是很理想的状态。但中国现在不是这个状态，如果我们等到理想状态的时候再去做事就什么都晚了，我认为“鼓励创新”只是一个口号，关键在于去“做”，去身体力行地推动。像开复、雷军等人，都做了一批创新项目，大家都在探索、发展，本来创新的比例很低，可能只有1%，那通过更多的人去“做”，慢慢到5%、10%乃至更高，那就是非常好的状态。所以，今后的一二十年，如果中国能够从天使投资到VC/PE、到IPO二级市场退出，从产品市场到资本市场都能有一个完善健康的机制，那么从“中国制造”到“中国创造”就不难了。真正对未来“中国创造”起最大作用的是天使投资，天使投资人只要敢于去引导这种东西，VC/PE没道理不接盘，所以，虽然目前天使投资的环境不好、难度大，但同时也是一个机会。

天使投资在组织上不能像VC/PE那样机构化发展，不太可能大面积、广覆盖。目前民间的天使投资大部分是一种不自觉的状态，我们就是想有意识地传播天使投资的理念，让这些人走向自觉状态。他只要做了，然后成功了，就会很有兴趣了。如果我们能影响到一个投资人，可能就多了10个创新项目。

我们不能老停留在否定、怀疑的状态，那样是困人困己，这个社会需要一帮人起来做给大家看。既然想推动这个社会的进步与发展，用什么样的自己擅长的方式来发挥作用？我们觉得，如果能够鼓励很多年轻人去创业、创新，那就很好。

而且这种对于年轻人的鼓励和帮助还有延伸效应。比如一个小伙子刚从校园出来，就能见到李开复、徐小平、雷军这些投资人，对他有很大的帮助和思想上的鼓励、提高；或者拿到了一笔天使投资，那未来他成功以后也会这样做下去，会比我们这一代更自觉地去做这件事，这就是一种传承。这种效应对社会的发展价值和意义更大。

整个社会环境的改变是需要时间的，需要代代努力，必须要有这样一种心态：我今天做的事情不是为了明天，而是为了20年以后。这是一种传承。天使会的目的就是从底层、从民众、从民间唤起，因为很多人都是可以做天使投资的，如果那些好的项目和创业者得到帮助、获得成功，他的心态、所思、所为就不一样，就会把好的理念再传递给别人。这个社会的改变总是要有人从好的方面去努力。

在中国做天使投资，像师傅带徒弟

天使投资是一个早期的阶段，后面需要VC/PE来接盘。事实上，获得了天使投资的项目更有优势和可能性获得VC的投资。不同的行业、公司、技术，孵化的时间长短也不一样。而天使投资占股比例一般不会太多，我自己认为应该在30%以下，当然不同的行业可能有区别。

很多人关心天使投资到底赚钱不赚钱，我只能说，在美国很多天使投资人可以赚钱。如果你偶尔只做一次，这可能不能叫天使投资行为，或者不算系统性的，那可能就赚不到钱了，但是如果坚持做，总体上是能赚到钱的。

很多人会问，天使投资跟温州的民间集资、民间借贷有什么不同？温州人是精明的生意族，他们会用各种价格杠杆做投资，但是他们投资基本上都是股票、大宗期货、房地产等，和做天使投资有本质的区别，天使投资投的是企业、投的是人，而温州游资投的是项目，和人没关系。

就天使投资来讲，中国和美国有很多差异。首先是整体的意识，然后是社会环境。比如一个想创业的人来找我，我不认识他，如果我给了他钱以后，在美国很难想象过几年他不见了，但这种情况在中国发生的可能性就很大。这就是人的差距。美国什么事情都是有规则的，就是输也输得清清楚楚。所以在中国做天使投资，还是比较适合去投资身边熟悉的人，就像师傅带徒弟一样。

投资守则：大方向一定要对

从我自己来讲，做生物医药、做天使投资十几年了，应该说选的行业难度很大，如果我一开始就在做IT行业，可能今天完全不一样，或许百度、腾讯都会和我有关系，这个领域我也很熟。但当时我很专注，就做生物医药。到今天，回首这十几年的工作成果，我很开心、很欣慰，不管自己在金钱上得到多少回报，最起码通过我们这十几年的努力，生物医药在整个中国成为非常热门的领域了，有了一些成功的例子，很多VC/PE争相去投资，把很多资金引入到这个行业，为这个行业的发展奠定了基础。比如海普瑞、赛百诺，这些我投资的企业在生物医药领域产生了很好的示范效应，让更多的资本愿意进入，那么这个行业创新发展的机会就大大增加，这对我来说就是一种成功和欣慰。

在生物医药领域做天使投资，挑战和困难相比其他领域更大，比如启动资金需求大、项目发展周期非常长，影响因素特别多，作前期判断特别难。所以，我不建议大家到这个领域做天使投资，因为这个领域要投资的话基本都不是天使了。

在美国，生物医药领域新企业的发展一般是这样的流程：一个教授学者或者研究小组在某个领域有想法，可以在机构里申请资助，如果觉得有价值就申请专利，有了专利他们就可以做公司，早期如果缺钱就找到了风险投资，这笔钱用于把专利公司化，从想法的产生到这个阶段一直有政府的支持，项目会继续往前走。美国的资本市场对生物医药领域有很大的支持，这种公司不需要走到产品阶段，在一期临床时就可以上市了，而且市值都很高。那这种情况下做天使投资比较有规律了。但在中国做创新的生物医药就完全不同，很多互联网项目的启动资金可能100万就够了，但做生物医药给100万也就是两个科学家一年的工资，实验室都没法建，实验条件都没法实现，而这一块目前我国的公共配套还很不完善，很多辅助生物医药领域创业发展的配套环节和基础设施欠缺。

我比较熟悉生物医药领域，对于项目的判断标准主要有几个方面：首先要看是不是创新项目，是不是未来发展的方向，大方向一定要对；第二要看中国未来在这个领域有没有潜力，即使方向很好，但美国人、欧洲人已经做得很扎实了，你再去做也没有自主的知识产权，没有自己的市场，那就没戏，所以要看我们自己在这块是不是有先机和独特的领先优势；第三，看团队；最后，再看一下专利和技术的来源。

就我投资的海普瑞来说，虽然还没有IPO我就退出了，从生意本身来讲可能并不是很成功，但从天使投资的价值上我觉得成功了。因为我培育了一家在这个领域里很多方面具有领先地位的企业，就海普瑞的肝素研究，我坚定地认为未来的二三十年，干细胞是整个领域里面最重要的方向。所以我就做干细胞，除了海普瑞，还有北科生物，不仅在中国做，我在美国也做，那里是技术的源头。我是首先要有一个大方向，而不是先看人，人再好，他代表的方向不对也不行。

刚性需求是商业的基本要素。医疗保健就是刚性需求，这里面很重要的就是要做创新科技领域，那大家都会去争夺。现在大家都看明白了很多事情，而以前投资大家都想很快出结果。我经过这十几年，即使没有很快出结果也没死掉，这其实对大家是一种启示。所以，我现在追求成功的案例，只要有一个意义就是非凡的，比如肿瘤病人治愈率是10%，能不能提高到20%，比如生存率是一年，我们能不能提高到两年，这种事情如果能做到一件，那就值得你一生去奋斗。做到今天，现在很多同道就来找我、来支持我，这就是一种效应，而不仅仅是一个商业的行为。

低调！不要抢创业者的风头

天使投资人一定要注意一点，要妥善处理和被投资人的关系。天使投资一方面是钱，一方面是经验，经验就是对项目的判断，当然还有去帮助企业从一开始的想法到最后的实现。你一定要明白，这个企业永远都是创业者的，投资人要低调，不要抢风头，心态一定要好，你只是帮助他，而不是自己来做。比如一个创过业的人做天使投资，因为创过业可能更了解一些事情，但并不是所有的创业经验都是好的，有些人经历了太多的失败、苦痛，他知道哪些地方该回避，但同时也会对企业产生一种限制。所以，真正的天使投资人，是要让他发现的种子自己去长，要让创业者去操作，“教练加园丁”这种心态才能投资出好的明星企业。

对于想找天使投资的创业者来说，最重要的就是要实事求是，要把你的目标清晰地拿出来，想做什么，作了什么准备，有什么风险，要实现目标需要什么资源，这些资源能否配置得了。所以创业者不能光说你需要多少钱，而是把你的目标分解之后，让天使投资人很明确最基本阶段的时候需要多少钱，能用一笔最小的资金启动。

我做天使投资是药引子
——清华走出来的杨向阳

一直被称为“神秘天使”的杨向阳，是一位专注生物医药领域的天使投资人，他很少出现在公众的视野中。很多人因为海普瑞的上市知道了成为中国首富的创始人李锂，却少有人知，正是杨向阳，在海普瑞创办初始就给予投资并帮助其成长。

十几年来，杨向阳一直坚持在生物医药领域寻找好苗子，除了海普瑞，还曾先后投资过赛百诺、清华源兴、清华基因城、北科生物等十余个项目。他认为，这就是自己能找到的“立足于时代和国家的角度做点事情”的最好方式，“如果说我做天使投资是药引子，我希望能吸引更多的资金和人才进入这个行业，把这个行业做大做强”。

最初投资生物医药源于清华情结

杨向阳是清华大学应用数学系1980级学生，硕士毕业后只身来到深圳大学任教。三年之后，他辞职下海经商，曾先后做过房地产开发、石油和化工等，积攒了一些资本。

但是，杨向阳认为，这些都只能算是他做过的生意，充其量是成长过程中的一份记忆，还不能称之为事业。他把事业和生意分得很清楚，他认为，生意是赚钱的途径，是成长过程中的历练，而事业，是人为了得到被他人需要的存在感和自我价值实现的满足感，而为之奋斗的目标。“生物医药是一个可以称之为‘事业’的东西。”

最初，杨向阳也只是把生物医药当成一种生意来做。到现在为止，他也说不清楚自己进入这个领域的理由，“有可能是误打误撞，也有可能是其他的原因。人总是一个思考的动物，一边做一边思考，方方面面的因素凑到一起。”

杨向阳最开始进军生物医药界是在20世纪90年代初期。1997年，他创办了源政药业公司，这是一家主要研究治疗消化道疾病药物的公司。2000年，现任清华大学校长助理的荣泳霖来到深圳，四处招揽人才，想要打造一家世界顶尖的医药企业。在校友交流会上，时任清华大学校长王大中对杨向阳说：“推动生命科学的发展仅依靠学校的力量是不够的，必须要与企业结合，要走产学研有机结合的道路，而且起点要高。在企业方面，你能不能带头走出一条新路来？”杨向阳有很重的清华情结，所以不假思考地答应了下来。就这样，源政药业入股清华源兴公司。

“你要是了解清华的历史，就能看到这所学校展现出的精神，是很可贵的。”杨向阳说。“美国有个秘诀，叫WIN，要在产业上赢。”他坚信，“在未来，在生命科学大产业内，有几大领域我们中国人可以走在世界前面。”

杨向阳曾被评为“感动深圳的清华人”，理由是：“在生物医药技术方面，开展与国际同步的、具知识产权保护的基因治疗技术、细胞治疗技术、干细胞治疗技术、银抗菌技术的产业化开发。”他的这些贡献，主要就是以投资人的身份做出的。

把生物医药投资当做事业，而不仅仅是一门生意

涉足投资生物医药领域对杨向阳来说完全是巧合。1998年，他在媒体上看到了关于彭朝晖的报道。彭是拥有日本、美国留学工作经验的科学家，在当时的生物医药领域被视为一颗冉冉升起的新星。彭朝晖当时放弃了美国的优厚待遇，决定回国进行基因治疗方面的创业，创办了赛百诺基因技术有限公司，而深圳南山区政府为他准备好了创业的条件：一间条件不错的办公室和240万元启动资金。

杨向阳之后找到了彭朝晖，两人也有多次深谈。在交流过程中，杨向阳逐渐对基因技术着迷，相信这就是自己要做的事情。除此之外，他对于彭回国创业的精神也颇为敬佩，虽然彭朝晖告诉过杨向阳，这个领域做基因治疗，可能八年都不会有回报，而且成功的概率只有30%，但是杨向阳没有改变投资的决心。“回报慢，成功率低，这不是赛百诺自身的问题。整个生物医药领域，都存在这样的特点。”直到今天，杨向阳仍然认为，在这个领域投资十分不容易。

之所以要坚持在生物医药领域进行早期投资，杨向阳表示，是因为中国针对生物医药领域发展的政府支持还没有形成像美国那样完善的机制[1]，他希望凭借自己的努力慢慢改变这种状况。

1　相关情况可参考前文杨向阳的口述部分。——编者注

对于生物医药领域，如果要潜下心来研究，从研发到临床再到产业化，需要相当长的时间，所需经费也相当大，而且即便全部条件都满足还不一定能最终成功。杨向阳感慨：“这必须当成事业来做，如果当成生意做就会很痛苦、很艰难。”

也正是那时起，生物医药对于杨向阳由“生意”转变为了“事业”，他表示：“进入这个领域之后，就坚定走了下来，中间自己认识到了，没办法作为一个生意来做，那我就把它当成一个事业坚持来做。做到今天为止，我对很多未来的事情就看得很清楚。”

杨向阳的长期坚持换来了成果。赛百诺在接受投资之后，连续多年都是政府的宠儿，这也为公司的发展形成了良性循环。彭朝晖曾表示，赛百诺得到各方面资金的注入总计不下5000万元。2003年，赛百诺生产出了世界上首个基因治疗产品“今又生”；再后来，新加坡总统也曾对赛百诺颁奖，以鼓励其在这个领域作出的创新性贡献。

杨向阳投资的海普瑞是国内肝纳素生产中唯一一家获得美国FDA（食品和药物管理局）认证的公司，是世界第一大肝纳素原料供应商，虽然上市后曾遭受质疑，但依然以“零缺陷”通过了FDA的复查。直到今天，他对于海普瑞的创始人李锂的评价都很高：“他的眼光之独到，在业内都是少见的。”

他投资的另一家备受关注的企业，是从事干细胞治疗的北科生物。干细胞治疗被认为是目前治疗某些疾病的唯一途径，其对于多种难治性疾病的疗效是现有药物和其他医疗手段无法达到的。但是在美国等西方国家，早期受到宗教伦理的限制，这方面的发展受到了限制。杨向阳认为，这正是中国的机遇，抓住契机，完全有能力在这方面做到世界领先。目前，北科生物已经积累了全球规模最大、数据最全的干细胞安全性和有效性临床研究数据，其技术已惠及70多个国家的10000多例患者，其中包括来自美国、加拿大、英国、日本等多个发达国家的上千名患者，创造了多个世界第一和医学奇迹。

对于人类疾病挑战的追求、对于生命的尊重，成为了杨向阳多年坚持在生物医药领域进行早期投资的动力，“如果我能用自己的一点钱和一点经验，对这个行业作出一点贡献的话，经济的回报是其次的”。

杨向阳投资风格

一、专注在生物、医药领域的投资；二、投资启动资金额度较大；三、投资的项目回报周期很长。

包凡&险峰华兴

我们不是开车的人，最多是坐在副驾位置上的人

对团队是否适合做某件事，要综合地评判，不同的投资人对同一个团队的判断也不一样。共性的就是比如有没有热情，有没有个人魅力，能不能聚集一帮人跟他一起做事，是不是懂得分享。有的团队是一个很强的人带着一群一般的人，有的团队是两三个互补的合伙人。

微心得

现在的一个情况是很多人都去做晚期，基金越来越大，当然管理费就多，听上去赚的钱越来越多，实际上把天使投资和早期投资这个空间腾出来了。中国的创业环境越来越好，机会越来越多，创业者的水平也在提高，这些对天使投资和早期VC都是非常好的因素。

对于天使阶段投资的项目来说，我们会要求产品先要做出来，基本上已经印证了是比较好的，或者说市场上有迹象说明产品被广泛接受，我们才会投资；如果产品都没有做出来，我们可能不会投。我们不会投还只在概念和理念阶段的东西。

如果把创业者群体比喻成一个金字塔的话，基金真正能辐射到的创业者就是金字塔顶尖的这些人，还有大量的创业者拿不到基金的钱。虽然金字塔下部也有很多其他不同阶段的基金和天使投资人，但问题是再往底下这些投资人和创业者之间以一种什么样的方式对接。我觉得关键是要把这个信息不对称的问题解决。

我觉得，天使投资人要摆正自己的位置，你投资进去实际上是帮助一家企业再上一个台阶，完了你赚钱，别老想着在公司里要扮演一个特别重要的角色，否则就会有很多问题产生。

从创业者的角度来看天使投资人：第一，要找一个自己信任的人；第二，千万不要找没钱的，不要找急功近利的；第三，不能出让太多的股权，否则会有隐患。

目前在中国市场上，机构化做天使投资的凤毛麟角，大家也都在探索切入点，方法也不尽相同，不排除半机构化运作是未来天使投资的一种方向。

从成功创业者向天使投资人转型，要有学习和积累的过程

中国的创业者目前融资渠道还相当有限，需要天使投资来推动创业，现在处于快速发展的一个过程。像硅谷的大量天使投资人本身以前是成功的创业者，他们有很长时间的商业积淀，而中国整个创业、投资的历史相对较短，从20世纪90年代到现在也就20年左右，需要时间来积累、沉淀。

20世纪90年代末的那批创业者，从他们开始做到企业能够成功上市，需要三五年的时间，再从企业能脱身出来又是三五年，那就10年过去了，这也是为什么中国的天使投资市场真正起来就是最近三四年的事。从这个角度来说，中国的天使投资发展速度已经相当快了。现在已经出现了一些比较活跃的天使投资人，大多是比较成功的企业家，这一代开始慢慢影响了投资方向，我认为这是一个很好的趋势。

第二，中国人比较勤劳，也比较愿意冒风险，尤其是这些成功的创业者大多数还是愿意继续做事，而美国有不少人赚了钱就去游山玩水了，所以我觉得中国的天使投资产业发展速度会超过美国，而且随着成功的创业者越来越多，会形成更加良性的循环和补充。

但是，我觉得目前中国天使投资市场的效率还比较低。首先这些成功创业者要转型成一个天使投资人，很多人还需要学习，虽然他们都很聪明，但他未必知道怎么去做投资，包括跟创业者之间应该建立怎样一种契约关系、怎么相处等。

让有项目的人和有钱的人相互找到

中国跟美国的创业环境不太一样。美国有个硅谷，基本上所有创新的事情都在那里发生；而中国太大，创业行为具有显著的地域性，北京是一个圈子，上海是一个圈子，广州、深圳是一个圈子，等等，天使投资相应地也讲究地域性。因为天使投资基本只投熟悉的人，而这也带来一种挑战，就是怎样能让资金最有效地使用，怎样能够让有项目的人和有钱的人相互找到，这是个值得探讨的问题。华兴作为资本与创业项目的桥梁，提高了市场的效率。

但是，就天使投资这种行为而言，对中介机构来说回报太少，甚至成不了一个商业模式，那么就面临谁来帮助解决市场有效性的问题。一方面，天使投资人不能纯粹按照基金机构化的方式运作，否则会失去其核心本质；另一方面，从投资阶段上看，天使投资介入的阶段无法形成足够的理性判断依据，如果回到传统的风险投资LP/GP（有限/普通）合伙人模式，大多数的LP必然不放心由个人靠直觉去投资，所以，天使投资人只能拿自己的钱去赌，而自己的钱是有限的，如果没有一个团队和系统的运作，发展就会受限。以华兴资本为例，之所以成立险峰华兴天使基金，就是希望探索看看，是不是能以一种机构化的方式来运作天使投资。

目前的中国市场上，机构化做天使投资的凤毛麟角，大家都在探索切入点。不排除半机构化运作是未来天使投资的一种方向，但是一般的LP能够接受天使投资高风险的毕竟还是少数。目前存在的，为数不多的像天使会之类的组织，是探索、打造一个发现好项目的平台。我们也在观察是否能够做出一些模式，核心是提高市场的效率，但不可能一蹴而就。

探索模式也是以天使投资为起点，目前我们刚刚做了二期基金，募集了1亿美元的资金，下一步开始A轮投资。天使投资寻求在产业链上延伸也是一种趋势。因为除了投资成功率不高外，如果天使投资人在后期没有资金跟投，前期占股就会被后期融资稀释，冒的风险都很大，这也解释了为什么有的天使投资人后来自己去募集一个基金。因为，很可能在前期投入很多的天使投资人，到了后来受益的并不是他，为了保持在被投企业的股份不被稀释，必然需要考虑跟进投资。

这就会产生按照基金的方式做天使投资的需求，华兴资本也在尝试。我们第一期做了1亿人民币的基金，第二期做了1亿美元，下一期规模可能做得稍微大一点，但不会特别大。所以，这样就出现了一种情况：本来专注做早期天使投资的人，反而他的基金越做越大，甚至开始VC/PE化。

用机构化模式做天使投资，效率会更高

险峰华兴基金的收益回报可观。因为险峰华兴不仅做天使投资基金，而且做早期 VC，从天使开始，在资本的供给关系中，早期投资是最有吸引力的一块市场，“求”要远远大于“供”。现在的一个情况是很多人都去做晚期，基金越来越大，当然管理费就多，听上去赚的钱越来越多，实际上把天使投资和早期投资这个空间腾出来了。中国的创业环境越来越好，机会越来越多，创业者的水平也在提高，这些对天使投资和早期 VC 都是非常好的因素。

首先，一个投资产品有前景、有收益我们才会去做，这是最主要的。其次，险峰华兴平台上的投资项目与我们的投行业务之间有很紧密的关联和互动，早期公司的核心竞争力里面很重要的一个是融资能力，华兴资本作为

险峰华兴基金里很重要的一个合伙人，我们是市场上竞争能力很强的机构之一，对自己旗下的这些企业肯定是不遗余力去支持，帮它们做融资咨询服务。最后，个体的天使投资人包括一些超级天使，即使其人脉资源很广泛，但是他的时间、精力毕竟有限，同时也会受到地域等很多因素限制，并且他们只是用可以使用范围内的“自有资金”投资。像华兴这种机构，我们有60多个人的团队天天在外边看项目，还可以募集外部资本。从这几点来讲，机构的竞争性远远大于个人天使投资，效率也会更高。但这并不是说就要否定个体的天使投资这种方式，美国主要的天使投资都是个人在做。因为我们本身是做投融资咨询和服务出身，自身有一个创业早期和后期产业链延伸的积累，在这个基础上做机构化的天使投资，还是有很多优势的。

险峰华兴天使机构跟华兴资本是一种合作关系，华兴资本只是股东之一。虽然天使投资还不是华兴的主营业务，但这是一个好的投资产品。华兴是服务于创业者的投行，创业者群体是华兴的衣食父母和成长的土壤，我们也希望有所回馈，能够帮助他们，改善提高整个中国的创业环境。

只做天使投资和A轮融资，而绝不做“孵化器”

很难有一家机构能够将天使投资和A轮的早期以及中后期的VC/PE全产业链环节的风险投资都做完。目前为什么有些机构会有类似全产业链这种方式？是因为中国市场还处于发展的初期，相对来说，无论在天使和早期还是后端的中后期，机会都还比较多。等市场发展到一定阶段，必须要走专业化的路线。险峰华兴定义的专业化，就是只做天使到A轮这个阶段，而且我们绝对不做“孵化器”，只做纯财务投资。

我们说的天使和A轮，都是指自己真正主动去投的，完全是新的投资，不是投过的项目再去追加投资。整个险峰华兴的总资金规模里要有40%的资本留在B轮以后，这是为了在我们自己所投的比较好的天使和A轮项目中保持所持股权比例，也就是说，1亿美元的基金里，6000万美元专门做天使阶段和A轮投资，4000万美元用来对好项目跟投。我们在一期投资时一般占股不会超过20%。

比如有一家公司，做B轮融资了找到险峰华兴，我们不会做领投；如果它是我们在天使和A轮阶段所投的企业，那么它B轮、C轮融资时我们都会跟投。像聚美优品，险峰华兴在A轮投资后占20%的股份，B轮时聚美优品融了2000万美元，如果我们要保持住20%的股份就得跟投400万美元，但是B轮领投的肯定不是我们。

险峰华兴虽然现在办公跟华兴资本在一起，但运作是完全独立的。在第二期的1亿美元基金里，华兴资本不过投了1000多万美元。险峰华兴专注做天使和A轮的投资，而华兴资本还是专注做投行的业务，我们也不相信一个团队能够把整个产业链都管好。

现在是做早期投资最好的时候

在一个创业和投融资的环境里，如果最初的天使投资和早期投资都没人去做，后面怎么可能做得好呢？其实大家都看到早期有机会，但是做起来确实又面临这么多困难，之所以现在VC/PE集中在中后期，一个根本原因就是钱太多，管理大规模的基金每年能赚那么多管理费，就不会有去做早期投资的冲动。另外一个情况是，前几年做中后期投资的VC/PE的回报不比早期基金低，甚至还很高，冒的风险又小，回报也不差，为什么要去做早期呢？

但是，从2010年开始，再回过头来看，一些早期基金的回报就远远高于中后期的PE。像我们做的1亿元的基金，现在先不算未来的退出回报，就按照所投入的企业现在最新一轮的估值，已经涨到7倍了；像策源这样的基金差不多达到8～10倍。大家才看到早期基金还不错，回报比PE要高，这是因为资本的“供给关系”：前几年看PE回报好，钱全跑到PE里了，慢慢变成“供大于求”，那回报就低了。这样就把早期投资的市场空间留出来了，大家的钱都做中后期去了，所以我们认为现在是做早期投资最好的时候。

早期投资还有一个问题是资金回笼的时间很长，而一个基金不能解决所有的问题。如果把创业者群体比喻成一个金字塔的话，基金真正能辐射到的创业者就是金字塔顶尖的这些人，还有大量的创业者拿不到基金的钱。虽然金字塔下部也有很多其他不同阶段的基金和天使投资人，但问题是，再往底下这些投资人和创业者之间以一种什么样的方式对接。我觉得关键是要把这个信息不对称的问题解决，一方面能够在横向上帮助创业者和投资者之间沟通，在纵向上也可帮助不同阶段需要融资与投资的创业者和投资者沟通。

选择项目看三点：市场、产品、团队

如何选择投资项目，我们就看三点：市场、产品、团队。

第一看市场和方向，肯定是一个比较大的市场和方向，我们才会感兴趣。

第二看他所做的产品。对于天使阶段投资的项目来说，我们会要求产品先要做出来，基本上已经印证了是比较好的，或者说市场上有迹象说明产品被广泛接受，我们才会投资；如果产品都没有做出来，我们可能不会投。我们跟创新工场“孵化器”的模式差别在这里，我们不会投还只在概念和理念阶段的东西。而A轮投资对项目的要求比这个高得多，产品相对来说比较完善了，可能还没有赚钱，但基本上有了商业模式。

第三就是团队，这是最核心的一个判断因素。要看这个团队是不是适合干这件事情，其实团队没有绝对的好与坏，主要看“人”与“事”是否匹配。包括究竟只是一个人还是有一个真正的团队，团队之间合作的风险等，这些都要全面考察，看得差不多就投了。最后要考察这个人的人品，当然对于一个人的道德品质的考虑，每个人的看法也不一样。

我们也会作尽职调查，但没那么复杂，因为没什么财务情况可查，一是去了解一下产品的市场反应，二是了解这个人在业内的口碑，以前都做过哪些事，会去找以前和他共事过的人调查。

判断团队时，有一些共性的因素，也有一些特性的。对团队是否适合做某件事，要综合地评判，不同的投资人对同一个团队的判断也不一样。共性的就是比如有没有热情，有没有个人魅力，能不能聚集一帮人跟他一起做事，是不是懂得分享。有的团队是一个很强的人带着一群一般的人，有的团队是两三个互补的合伙人。

特性的东西，更多是看他适不适合做这件事。比如要做无线交友社区，那可能四十多岁的人去做就不太靠谱，因为无线交友社区的用户都是二十几岁的人，四十多岁的人自己不是用户，很难了解这些用户的产品需求，也不知道用户的想法。他是否适合做这个事情，也跟他以往的工作经历、背景有关系，比如说他以前是芯片开发工程师，今天说要做电子商务，那很难让我信服。

怎么定位创业团队也很重要，定位不同，在战略层面考虑的问题、找的人也不一样。100分的创业者是碰不到的，比如一个人在某一方面很强，但另一方面又有明显的弱点，就需要你考虑是否值得冒这个风险去投。我们以前投过一家公司，有四个创始人都很年轻，我一看他们做的东西特别好，几个月之内就有十几万人用他们的软件，我的合伙人跟我说有一个风险：这四个人的股份都很平均，觉得很难唱一台戏，担心未来问题会很多。虽然现在这家公司业务做得还可以，但是这个风险的确发生了，他们都不成熟，产生的矛盾很多。

摆正自己的位置，做纯财务投资人

天使投资人怎么给自己定位很重要。险峰华兴就是做一个纯财务投资人，不会像雷军、曾李青、何伯权他们那样，找个CEO或合作伙伴帮我落实执行这个项目。我们不会参与进所投的公司当CEO、负责运营，所以选择的团队是他们自己能够挑大梁的团队，创业者自身主导性很强，这是适合我们投资的。

当然，在收益和回报之外，还是要帮助创业者做好公司，尤其是内部的管理机制，但这是有度的。我们就是投资几十万到几百万元的最早期投资者，我们会对公司提供很多帮助，花时间去想战略、战术，包括帮他去招人，但是永远给自己定位：我们不是开车的人，最多是坐在副驾位置上的人。

我觉得，天使投资人要摆正自己的位置，你投资进去实际上是帮助一家企业再上一个台阶，完了你赚钱，别老想着在公司里要扮演一个特别重要的角色，否则就会有很多问题产生：第一，你和团队的合作；第二，权力到底谁说了算；第三，你在某一家企业里面那么投入，对你的其他投资行为必然会有影响，因为时间有限。

无论是投陌生人还是熟人、无论投什么产业，关键是大家要有一套最基本的公司治理机制在那里，双方定出规矩，投资之前就要说清楚，投资人和创业者之间的定位，哪些事需要通过董事会讨论，哪些事管理层可以自己决定。在核心决策上，的确需要董事会讨论通过，但我们不会替创业团队做他们该做的事情。

天使投资人要有钱、有专长、有人脉

第一，做天使投资的人应该是有钱人，要么自己很有钱，要么他的机构有钱，如果是兜里只揣着一点点钱的人去做，心态不会很好。如果你自己只有100万元，拿出50万元做了天使投资，就会天天在那边看着，睡不着觉，这样的话企业反而会被搞死。而且天使投资人的成功率毕竟很低，你需要投资很多项目，才可能赚回来你的投入，只投一两笔没法做。

第二，我觉得天使投资人还是要在某一方面有专长。要么要对行业趋势的判断有很好的感觉；要么像雷军、曾李青这样在某一个领域里很懂，自己挽起袖子能干很多事情，可以通过自己的参与控制风险；要么就是会看人识人，这也是本事。有专长，就会有信心。

第三，天使投资人的确需要在行业里面有广泛的人脉。我认为，天使投资项目不管投多少钱，一般就只够企业存活6～12个月，那就必须在这段时间里找到下一步的钱和投资机构来继续支持这个企业的发展，所以要有广泛的人脉。

每个天使投资人的风格都不一样，无所谓你的好我的不好，各家有各家的玩法。就算是回过来再评估所谓成功与否，其实意义也不大，因为本身很多天使投资人干这些事情，不是纯粹为了赚钱，每个人对成功的标准不一样。

从创业者的角度来看天使投资人：第一，要找一个自己信任的人，天使投资很大程度上建立在信任的基础；第二，千万不要找没钱的，不要找急功近利的，否则会给你的公司带来很大的隐患；第三，不能出让太多的股权，否则一样会有隐患，有些不懂游戏规则的创业者拿了民营老板的钱，上来就要占你60%的股份，到后来企业做不下去了，很多矛盾爆发，要秋后算账。

从推销企业到天使投资
——包凡的投资生涯

业内很多人都说包凡是个“推销员”：推销企业、推销金钱、推销梦想——因为他的职责就是通过自己把企业卖个好价钱，为那些需要融资的企业找到合适的VC/PE，或者将那些已经融资但通过IPO方式退出有困难的企业介绍给潜在的并购方。京东商城高达15亿美元的C轮融资，大众点评网1亿美元的C轮融资，人人网收购视频分享网站56……在2011年这一年，华兴资本就完成了超过40家企业的融资、并购案。

作为专注为高速成长型企业提供专业财务顾问服务的华兴资本的创始人和CEO，包凡见证了中国创业投资领域的浮沉和发展变化，从融资渠道单一，到外资VC/PE扎堆、热钱涌入中国，到人民币基金兴起，再到创业投资环境逐渐完善。如今，包凡又进入了创投产业链的最前端——天使投资领域。

2010年，包凡携手前联创策源副总裁陈科屹共同创办了险峰华兴——专注TMT领域的天使投资机构，希望用机构化的模式和机制做天使投资。险峰华兴2010年成立时第一期基金规模为1亿元人民币，2011年年底又募集了第二期基金1亿美元，到目前已经投资了30多个项目，其中发展迅速的E店宝、聚美优品、JiaThis等多家企业已获得A轮融资。

“我们做天使投资的想法，应该说是要改善整个中国的创业投资环境，甚至一些游戏规则。”包凡这样表示。因为国内风险投资的现状是：一方面大量的VC/PE集中在中后期投资环节，一方面是少数的个体天使投资人集中在企业最早期的初创阶段，而包凡则希望险峰华兴能抓住早期投资的市场机会，同时能改善目前这种两极分化的格局。

金融启蒙：投行经历打基础

1970年出生的包凡是上海人，爷爷解放前曾在浙江银行当高管，包凡幼时经常会听他讲起旧时银行家的传奇故事和20世纪30年代的上海股市风云。从小就受到如此金融启蒙，让包凡与投资结下了不解之缘。

由于从小父母在波兰工作，与包凡在一起的时间很少，他很早就养成了独立自由的性格，不愿意遵守常规，经常是带头打架的孩子王和班级里的缺课生。小学五年级包凡就写了52份检讨，甚至直到大学还会逃政治课。正因为自己有很清晰的主见，使得包凡后来选择了用不同于他人和行业常规的方式做投行。

1988年，包凡进入复旦大学攻读理学学士学位，毕业后又在挪威管理学院取得硕士学位，并于1993年在美国进入摩根士丹利工作。包凡在那里初次接触和感受到了“华尔街”与“金融”对美国的作用及影响力，而那时中国的市场对“金融”和“资本”的概念还略显陌生。

1998年，亚洲金融危机爆发，成为当时全球瞩目的焦点。包凡决定离开美国回到亚洲，他到了离内地最近的香港，加入了瑞士信贷第一波士顿，在亚洲金融危机中的韩国以及泰国等东南亚各地飞行，给客户收拾烂摊子，包凡更感同身受地体会到企业内部资金循环不畅、金融体系不健全带来的严重后果。

在摩根士丹利和瑞士信贷工作时，包凡先后参与了包括加拿大贝尔、瑞士诺华制药、RPR、Investor AB、日本NTT、韩国KEPCO和KT等公司的资金募集、银行借贷、并购以及重组工作，还参与了当年中国联通56亿美元海外IPO项目。

2000年3月，田溯宁和丁健创办的亚信科技在纳斯达克上市。这家企业于1995年在大多数中国人还不知道什么是Internet时，最早将互联网引入中国，并首开中国企业引入风险投资的先河，也是第一家在纳斯达克上市的中国高科技企业。在这期间，包凡加入了亚信，任首席战略官，负责投资、并购及战略合作事务。

2002年时，包凡一度主导亚信对联创科技的并购，但当时后者拒绝该项提议，直到七年后的2009年，双方才再续前缘，联创科技终被亚信收入囊中。在亚信的这段经历，包凡后来没有过多提起，而在他心里，早有打造一家属于自己的本土投资银行的想法。

创办华兴资本：分享高科技产业快速发展的价值

2004年，包凡正式离开亚信，创办华兴资本。他的初衷很简单：企业就像一个人，如果维持企业运转发展的资金不健康就一定会得病，华兴资本要做的就是打通企业的任督二脉，形成有效的内部资金循环，变得更加健康。因此最早的华兴资本将业务定位在了做“不良资产”上，这项业务虽然赚钱，但只是非主流业务，无法持续性经营。

2004～2005年，腾讯、携程、盛大、百度等企业先后上市，标志着中国第二波互联网浪潮的到来，华兴资本也分享到这波浪潮的价值。在经过早期一段时间的摸索后，随着中国互联网、通信等IT新经济产业的兴起，华兴资本找到了自己的定位：定位于merchant bank（投行+投资），集中于IT、电信、流通、金融等行业，提供融资、并购和重组服务。同时包凡确定了精准团队覆盖优质企业和客户的策略，不盲目追求大而全的投资银行模式，而是打造小而美的专业投资银行思路。

找准定位后，华兴资本的发展开始加速。2004年，华兴主导帮助中星微电子融资2500万美元；2005年主导完成英国安石投资3亿元人民币收购深圳民润超市；2006年作为独家私募财务顾问帮助当当网完成第三轮2700万美元融资；2007年一年，华兴资本宣布了16项融资交易，业务增长3倍以上。

如今，在华兴资本的投资服务名录里，企业融资和并购案例超过80个：如千橡互动、中国汽车网、奇虎360、悠视、蓝汛、迪岸传媒、光线传媒、巨人网络、暴风影音、开心网、奇艺网、神州租车、兰亭集势、好乐买、大众点评、走秀网、美团……而2011年华兴资本最具代表性的大手笔项目就是促成京东商城15亿美元的C轮融资。

包凡以“投行+投资”的模式，在中国创业者和资本方之间找到了一条最合适自身发展的道路，在“推销企业”的过程中赚得丰厚收益。

成立险峰华兴，分享早期投资“一杯羹”

2010年，包凡决定创办险峰华兴，他将华兴资本的业务从投资银行服务转向“投资服务”+“早期直接投资”，立足和看好风险投资产业链最前端的天使和A轮的早期投资。

事实上，包凡在早年就已和天使投资有过渊源。2005年，他与国内证券业先行者海问咨询的合作因为道不同而作罢，那时他就尝试成立过一个由几位企业家组成的天使俱乐部，希望将天使投资机构化。但那时中国创投私募领域还处在快速发展的前夜，之后几年，急功近利的“热钱们”更关注的是投资周期短、回报快和收益高的中后期投资，而天使投资和A轮早期投资几乎无人问津，包凡的构想也无果而终。

到了近两年，在中后期投资市场竞争激烈、趋于饱和、估值溢价越来越低的情况下，另一方面早期投资市场却资金匮乏，好企业苦于融资无道，包凡再次从中看到了机遇，希望用机构化模式同样以“投行+投资”的方式分得一杯羹。

包凡涉足天使投资的方式是通过华兴资本出资，设立险峰华兴，但并不做最大的股东。他希望在险峰华兴的投资平台上，发现好企业苗了，再利用华兴资本投资银行的平台和资源为其进行后续融资服务，形成连环投资收益的效应。

包凡&险峰华兴投资风格

一、险峰华兴基本只做天使到A轮之间的项目投资，天使阶段投资规模通常为50万至几百万元之间，而A轮阶段投资规模为几百万至2000万元；二、投资一家企业后，险峰华兴也会系统化地对企业进行一些创业扶持，例如帮助资源整合、战略指导、团队完善等工作，但险峰华兴明确将自己定位为纯财务天使投资人，绝对不做“孵化器”，不会过多参与到企业的经营和具体业务中。

倪正东&清科

创业是万米长跑，一万米是慢慢熬出来的

创业的时候不能急功近利，不要想一夜暴富，创业者的铜臭味不能太重。一个公司急功近利是迟早要出问题的，创业者一定要把握好诚信的底线，现在再想复制张朝阳或丁磊他们那种创富速度是不可能的。创业是万米长跑，一万米是慢慢熬出来的。

微心得

一边是新创业者很多，一边是大基金不会投太小的公司，这个时候就必须要靠天使投资去支持，就决定了有一个巨大的市场空间给了天使基金。

我们讲投资投在一个“反射点”的时候是最过瘾的，一方面它所处的行业在高速增长，另一方面投资价格是最便宜的，项目自身的增长速度又是最快的。

做天使投资心态要非常好，并不是说要对这个公司有控制或者影响力，投资人不要给创业者帮倒忙，不要做创业者的老板。创业者是很寂寞的，也很孤独的，他不可能跟下面员工说很多事，也不可能只听老婆的，老婆也不懂他工作上的事，更不能随便抓一个人来说，毕竟可能涉及很多机密，所以他必须有一个人能商量。

创业者寻找投资人时，选择的天使投资人或VC不能太强势，管得特别多的VC、自视为你的老板的VC，往往会干扰企业的发展，如果开始接触的时候就感觉不舒服，最好绕道。

目前的早期投资领域竞争很少，市场空间巨大

中国还是非常需要天使投资的。从清科所做的研究来看，1998年～1999年时VC在全球飞速发展，2005年后在中国迅猛发展，PE稍微晚一点，大概是2005年之后；而中国的天使投资其实在2000年起步，但2005年之前都非常少，那时要融25万美元就觉得数目很大，最近这几年发展非常迅速。因为过去几年整个VC/PE支持的上市公司接近1000家，这些公司的创业者或高管都拥有了巨额财富，其中有些人就开始做天使投资了，本土很多以其他方式赚到钱的投资人也在兴起，各方对天使投资的关注日益升温。

从数字上来看，中国市场上2011年VC投资的金额增长大约100%，天使投资的金额最近这几年和前几年相比，每年大约有300%的增长。一方面是因为之前天使投资金额的基数相对较小，另一方面确实是做天使投资的人增长很快，不仅有明星级天使投资人，还有地方的草根和普通的天使投资群体加入。天使投资是个体行为，不太好统计，根据我们初步评估，现在中国每年的天使投资规模差不多在5亿～10亿美元。

为什么这几年中国的天使投资发展这么迅猛？中国的创业路径很多是沿着美国的发展在走，这几年先是电子商务带动了大批创业者，最新一波是移动互联网又带起来一批创业者，只要有一个创业者冒出来就需要资金，而在这个领域投资的基金屈指可数。因为客观上现在VC/PE基金规模都很大，如果是5亿美元的基金，一般一年也只能投30家公司，平均每个

项目要1000多万美元，这决定了现在主要的VC/PE不可能投资前期规模太小的公司。一边是新创业者很多，一边是大基金不会投太小的公司，这个时候就必须要靠天使投资去支持，就决定了有一个巨大的市场空间给了天使基金。

在目前的早期投资领域我觉得竞争很少，大部分VC/PE不愿意冒风险，就把市场空出来了，而这个市场又是离年轻的创业者最近的。

机构化天使投资要有长期的相关资源积累

我个人认为，天使投资主要还是靠单个的天使投资人，机构必须要有大量背后的资源才能做天使投资，比如像创新工场、清科、华兴这样本身就有很大的创业者和投资人的资源积累。创新工场有品牌影响力，很多创业者来投靠他找他，提供了大量项目来源，能发现很多早期公司；清科在国内最早做创投领域研究、会展、投融资咨询等服务，每天和创业者及投资人打交道，做这个事也相对容易。如果由一个不具备这些相关条件的基金来做天使投资，就很不容易，因为创业者找不到他。美国最主要的天使投资也是单个人去做，机构做的还是少数，成功的也少。所以，我建议一般的风险投资基金谨慎做天使投资。

清科有非常强大的创业者和投资人的关系网络。清科有国内最大的专注于VC/PE的研究团队，知道谁投了什么项目；同时还有会展和论坛，每年在很多地方办四五十场，有大量创业者参与，这就有项目来源；还有媒体资源的辅助，清科是《创业邦》杂志的主要股东，媒体上提供很多的传播支持；清科的投行业务帮别人去融资，2011年完成了15个项目的融资服务，触角也很广；另外，有很多基金也是清科创投基金的LP。一方面下端有广泛的项目来源，和创业者走得很近；另一方面上端与VC/PE的关系也很好，解决了后期融资难的问题，清科创投所投资的公司90%都能获得下一轮或下两轮的融资。另外清科自身从2000年开始作投资分析，我们发现，回报最高的还是自己做的比较早期的投资，像天涯、三夫户外、梦芭莎、胡莱三国等。

清科的定位是投资人和创业者的伙伴，是行业的“路由器”，所以一直保持非常中立的方式。我们会和很多个体天使投资人合作，也会和很多VC机构合作，参与投资的项目也更多，因为背靠清科整个资源，触角特别多，比很多个人和机构可以选择的项目要多得多。这也是清科和其他做天使的个人和机构不同的地方。

投资定位：大于等于天使，小于等于A轮

我们的投资理念是做从天使到A轮之间的这个阶段，就是“大于等于天使，小于等于A轮”这么一个角色和定位。清科做了很多在天使和A轮之间的投资，这对我们来说是很大的空间。目前我们主要是以清科创投为主的方式来做天使投资，我个人也会参与一些。

以基金名义投的代表性的早期天使项目，第一个是梦芭莎，2007年投了几十万美元，当时它一个月才10万块钱的收入，现在一个月能达到几个亿，增长了几千倍。另外一个是胡莱三国，是现在手机上社交游戏排名第一的游戏公司。以我个人名义做的天使投资有三夫户外，做户外用品的高端零售连锁，从最初的几个店到现在有几十家店了，还有做社

区的海报网，以腾讯平台为基础的非游戏社交应用情侣主页等。也有基金机构和个人投资掺杂在一起的，像天涯社区，2006年清科创投投了50万美元，我个人也介入投了一部分。那时天涯发工资都成问题，如今是国内第一大论坛。

清科一般投完最早的天使到A轮之后，后面B轮、C轮一般不会跟投，但针对个体的案例也会具体情况具体分析。如果需要的是在一个项目上整体回报绝对额高的话就跟投，如果要的是回报倍数高的话就不再跟投了，所以有的项目会跟投，继续保持我们持有的股权比例，像梦芭莎和三夫户外这几个项目在后几轮当中都跟投了。

判断三标准：一发展趋势，二产品地位，三创业者

对于每个项目的判断，清科的标准是：第一看行业和未来的发展趋势；第二看产品具体在行业的地位；第三看人。

比如三夫户外，当时在高端户外用品连锁领域是第一，我们判断这个行业增长会很快，因为中国人越来越有钱，希望去旅游，户外运动用品需求的增长会很快，而且它在市场的地位还不错，虽然规模还不大，但在行业里位置不错，创始人也是清华毕业的。

比如天涯，在2005年～2006年时已是国内最大的论坛社区，团队也是比较本土化的，虽然没那么耀眼，但也还不错，而且我觉得社区论坛所处的行业和地位都很好，所以也决定投资。

2007年投资梦芭莎时，我们觉得电子商务未来会更成熟。以前的互联网只是我们生活中的一小部分，现在变成很重要的东西；2000年前后做电

子商务大家还觉得是个新鲜事，但现在互联网关系到交友、娱乐、游戏、购物等各个方面，所以我觉得电子商务也会发展起来。刚投资梦芭莎时，还是个做女性内衣的网站，其实坦率地说，我们当时对于这件事情也看不准。就因为当时他们做内衣是第一，CEO是以前帮很多国内知名女性内衣品牌做设计顾问的人，非常懂行；另一个合伙人是从麦考林出来的，专门负责销售和市场推广。当时有人提出这两个人打架怎么办，我觉得一个在上海、一个在广州还可以，就投资了。

投资胡莱三国时，我们首先还是看行业，认为手机社交游戏这个行业会有很好的发展前景，其次它是这个领域做得最好的。社交的应用其实最终要回到盈利模式来看，还是广告、游戏和商务，当时胡莱三国不是腾讯Qzone上最大的游戏，但确实是真实社交网站朋友网这个平台上增长最快的一个游戏，当时它一个月才有二十几万的收入，现在一天是几百万的收入。我们讲投资投在一个“反射点”的时候是最过瘾的，一方面它所处的行业在高速增长，另一方面投资价格是最便宜的，项目自身的增长速度又是最快的。梦芭莎和胡莱三国都处在这个阶段，我觉得非常过瘾。

回过头总结来看，还是行业、在行业中的地位和人（团队）。行业是往上走还是往下走，现在处于什么发展阶段，是刚刚热起来还是已经很热了，如果等到行业进入红海状态再投资，基本上就晚了，清科往往比较关注处于微热阶段的行业。其次看企业在市场中所处的地位，有没有与别人不一样的特质。最后看人和团队，其实这个最难把握，也是最容易犯错误的地方。一个企业的商业模式很好，在市场中也有一定地位，但团队不过关或创业者个人不靠谱，往往会拉后腿。最基本的要求是这个人得讲信用，他如果一天到晚跟你在一块、想打你主意、想法特别多的人不能投，相对来说靠得住、讲信用、有诚信这个很重要，比如爱吹牛的创业者就普遍不被认可。二是要有创业的激情，他很喜欢、很看好这个事，而且很专注，不能今天想这个，明天想那个。我们以前投过一家公司，最后失败了，就是因为创始人有好几个生意，结果你发现他承诺把精力放在这个生意上，但最后放在另外的生意上。不专注不能投。具体到每个项目，这三个因素也许不会都很强，但是至少要有两个非常强，我们才会去投。

当然关于团队还有很多其他的因素，像乐观、勤奋、执著等，另外就是眼光和眼界要比较开阔，胸怀也比较开阔。眼界开阔就是说能看到未来，把握未来的机会，否则公司越来越窄了；心胸开阔是说能够容忍人。我们也碰到一些创业者，老是觉得这个公司是我的，投资人不能动、其他任何人都不能动，这个麻烦也很大，人要能够分享和知道感恩。

不做创业者的老板，只做一个“可以商量的人”

清科最大的利器其实就是有广大的资源平台，一个是上端的VC资源，一个是下端的广大优秀项目来源，我们更多的方式是参与和合作。特别是我们在早期的时候也可以花很多精力在董事会上，因为我们有很多资源，可以给创业者很多帮助：一是借助我们的媒体和会议等平台，在业内扩大影响；二是带来下一轮融资，包括找新的投资人，这是清科非常强的地方；第三我们觉得一个企业最重要是它的关系，特别是公司股东之间的关系，我们经常干的事就是协调创始人、股东或者董事之间的关系。一个公司如果出现股东、董事会之间的问题是比较致命的，管理团队出现问题也不好。商业模式错了都可以调一调，但股东之间打仗、管理团队之间打仗，是非常忌讳的，所以在中国某个公司突然换CEO的话，90%就没戏了。清科会在几方中间起到协调平衡的作用。

我们与创业者和投资人都是参与和合作的关系。作为投资顾问，我们是客观的第三方，所以无论对于创业者还是其他投资人股东，会尽量以客观的立场进行协调，绝对不做一个麻烦制造者。另外一点，我们也绝对不做创业者的老板，只做创业者的伙伴和一个可以商量的人。有很多VC比我们投钱多很多，但创业者有事找我们商量，那是他觉得我们确实是站在比较客观的角度，为了公司利益考虑，而不仅仅是只看到自己所持的那一点点股份。

所以，做天使投资心态要非常好，并不是说要对这个公司有控制或者影响力，投资人不要给创业者帮倒忙，不要做创业者的老板。创业者是很寂寞的，也很孤独的，他不可能跟下面员工说很多事，也不可能只听老婆的，老婆也不懂他工作上的事，更不能随便抓一个人来说，毕竟可能涉及很多机密，所以他必须有一个人能商量。像清科最早创立的时候，我们的天使投资人也都是可以商量的人，并不是决策者，他们可以有一些疑问，可以给我一些主意，但要我自己最终拍板。现在我们投资的天涯、梦芭莎等，需要我的时候我会给予帮助，需要融资帮他找投资，有什么问题帮他解决，平时公司内部的管理或者跟投资人之间帮他协调，但都不会代为他们决策。更重要的是，他需要帮助时我们才出现，不需要时尽量放手，一个公司越放手反而发展越好，管得越多一般都是做得不太好的公司。

创业的心态：有时候做老二也挺好

找天使投资人融资，最重要的是基于个人的信任，所以首先还是找你的家人和朋友，当然这些人可以用于投资的钱也有限。刚开始启动，注册一个公司并不用太多钱，这时你可以找这些人；等想做出一些商业模式、产品原型的时候这些钱就不够了，那就可以去找明星天使投资人或者是周围有影响的、能融更多钱的投资人。

选择投资人不要过多注重价格，因为投资的价格越高，投资人对你的要求也就越高。此外，选择的天使投资人或VC不能太强势，管得特别多的VC、自视为你的老板的VC，往往会干扰企业的发展，如果开始接触的时候就感觉不舒服，最好绕道。

创业的时候不能急功近利，不要想一夜暴富，创业者的铜臭味不能太重。一个公司急功近利是迟早要出问题的，创业者一定要把握好诚信的底线，现在再想复制张朝阳或丁磊他们那种创富速度是不可能的。创业是万米长跑，一万米是慢慢熬出来的。

另外，我觉得做事情不可逆势而为，要顺势而为。很多人现在还要做电子商务，而电子商务最好的发展时期是2009年～2010年，现在的热点是移动互联网。就好比种庄稼蔬菜，春天是菠菜、油菜，夏天是茄子、辣椒，秋天是麦子，冬天是大白菜，一个季节做一个季节的事情。2009年时，像凡客、拉手、梦芭莎等，任何一家电子商务企业的估值都拼命涨价，2010年在6个月之内涨5～6倍，但到了2011年下半年，再想这样就非常难了，而现在最好的是移动互联网和社交领域。

2011年根据研究数据看投资最热的是互联网，第二是清洁、医疗、健康，第三是消费品、零售连锁，还有机械制造。但人民币基金和美元基金根本是不一样的，人民币基金比较看好的是装备机械制造行业，未来两年我们比较看好移动互联网和社交游戏公司。

我觉得创业的心态也一定要好，不要想着什么都想做老大，有时候做老二也挺好。如果做得非常好，那就上市，做行业的老大，做全球的老大，这是挺好的，但如果这条路走不通也可以换一个事做，不要把创业弄得你死我活的。像我们把海报网卖掉了，我跟他们说赚1000万美元可以了，再干几年万一死掉了啥都没有了。

很多一开始不被看好的公司，最后反而能成功。像梦芭莎，我推荐给很多有名的VC，都说不行不愿意投，结果现在发展得很好，还有大众点评网也是这样。就算最好的VC没有给你投资也无所谓，只要你自己做好，一样可以成功。

最后，对创业者来说，不管在什么时候都一定要坚持对公司的良好把控，千万不要经过融资后就让VC做了老大，一定要让创业团队保持公司第一大股东的位置，别最后股权被稀释没了。当然，把控不一定要绝对控股权，而是要对公司有主导权。

中国创业企业五年一个槛，需要熬上至少五年，才能看到是否能成功。创业本来就是一件高风险的事情，创业者要善于自我学习和提高，善于在学习和提高中变通和及时调整。

不仅要赚钱，还能发现顶尖公司

不管是天使投资，还是VC/PE或其他一些投资机构，其实都是围绕着创业投资这个生态系统，都是中间很重要的一个环节。天使投资虽然现在发展迅猛，但也更需要规范。

像VC/PE都有很规范的协议，大家拿多少管理费都非常清楚，投资以后和创业者之间的条款约定基本是一样的，里面填一些数字和人名，但天使投资经常有的是先给钱，协议什么都没有，有一些条款怎么定，从天使投资人和创业者的角度哪些内容是需要我们形成规范的条款，这是目前需要做的事。规范并不是要把大家给绑死，因为天使投资本身就是一门艺术，不是特别理性的事情，但在法律文件上有许多可以规范的地方、行业可以通用的东西，对大家还是有帮助的。

我觉得最成功的天使投资人应该是这样的：他不仅赚到钱了，还投了一些伟大的公司，就是业内确实有不少顶尖的公司是他最先发现、投资的，比如Google的天使投资人，这是让人非常尊敬的天使投资人。我也看到有些天使投资人把自己所投资的公司卖掉了，别人收购以后却发现这个公司做假账，这种天使投资人虽然也赚钱了，但我觉得并不成功。

“创投老兵”倪正东：现在是参与天使投资的好时候

在中国创投界，倪正东被称为“掌握市场最全面信息的人”，1999年，中国互联网浪潮在中国刚刚兴起，还在清华大学读博士的倪正东成立了清科集团，十几年来，清科集团一直在这个领域辛勤耕耘，逐渐成长为国内最大的提供创业投资与私募股权投资领域综合服务的机构之一。

目前，清科集团旗下覆盖五块核心业务：一、创业投资领域市场分析及数据研究业务；二、促进创业者与投资者之间互动交流的会议论坛业务；三、为创业者和投资者提供投融资、并购第三方咨询的投资银行业务；四、投资成长型企业的直接投资业务：五、投资VC/PE的母基金（FoF）的管理平台业务。

现在倪正东主要是以清科集团旗下的清科创投基金“机构为主、个人为辅”的方式做天使投资，主要天使投资的项目有梦芭莎、天涯社区、手机社交游戏胡莱三国、三夫户外、海报网、情侣主页等。

一路见证并坚持在中国创投行业打拼的倪正东表示，清科的发展离不开创业者和投资人的支持。如今，他希望通过清科集团的平台来做天使投资事业，支持那些需要并值得支持的创业者，就像自己当年创业之初曾获得的支持一样。“我创业时就是靠天使投资，当时1999年我还在清华读博士，一个以色列人和网易的天使投资人给我投了钱，才创立了清科。”

努力学习的优等生

1974年4月，倪正东出生在湖南常德市桃源县的一个小山村，这个农民家庭中有兄妹五人，他是最小的孩子，上有一个哥哥和三个姐姐。那时候连买根针都要翻越好几座山冈，冬天里提着小火盆每天来回十几里的路去上学，这样的经历造就了他吃苦耐劳的性格。

1992年，18岁的倪正东考上了湖南大学，而事实上清华大学才是他向往的第一学府。高考成绩高达622分的倪正东因填报志愿不当，与清华大学失之交臂，虽然有些许失落，但在哥哥的鼓励下，他还是进入了湖南大学力学系，开始了大学生活。

从入学第一天，倪正东就给自己定下了四年后报考清华大学研究生的目标，为此他一直勤奋学习。上课时倪正东总坐在第一排，晚自习后坚持收听英文广播，早上六点宿舍铁门还锁着就从墙头翻过去，书包里带着漱口杯和毛巾在图书馆门前排队，占到位置再去洗手间收拾自己，然后去外面买几个馒头当干粮开始自习。

付出终究会获得回报，1996年，倪正东以优异成绩考取了清华大学力学系研究生。到了北京，到了清华，他发现同学都是来自全国各地的高手，而从小要求自己无论在哪个群体都要尽力做到最好的信念，让倪正东感受到了新的挑战。

在那个时代，大学生出国热成为一种风潮，尤其是以清华和北大为首的知名大学，考托福、考GRE似乎成为大学生在专业课之外的必修课。倪正东也不例外，在读研期间他的主要心思就是想出国，泡脚时都捧着专业书，读英文报纸，GRE考试成绩也超过2000分。

事实上，那时的倪正东对于前途和未来的选择并不明确，在出国、毕业工作还是继续学习之间，没有清晰的方向。他只清楚一点：认真努力读书是必须的。而在学习之余，倪正东和几个同学于1997年成立了清华创业者协会，并开始邀请一些当时知名的企业家演讲，比如王志东、张朝阳、田溯宁、丁磊等，那时中国互联网的兴起造就了一批创业英雄。

也许是初中时卖过冰棍，大学时卖过磁盘，研究生期间卖过学习用品，再到成立创业者协会……这些经历都在冥冥中决定了倪正东后来选择了自主创业，并且从事与创业投资相关的事情。

策划创业大赛，创立清科

1998年，倪正东在报纸上看到一条有关美国麻省理工学院开展创业大赛的新闻，奖金高达5万美元。他看完后很受震动，决定找朋友一起以清华为基地策划一届大学生创业大赛。当时在清华乃至全国，尚无大学生创业的先例。得到学校的同意后，倪正东和伙伴们三个人打电话、拉赞助，打了无数个电话终于得到了7万元的资助，开始写文章、贴海报进行宣传。当时正逢搜狐、新浪和网易等众多网站的广告一夜之间占据了中关村的大街小巷，高校中流行着两个新鲜的热词：创业、开网站。

让倪正东没有想到的是，自己策划的创业大赛，到1998年10月决赛时居然有上百个创业团队入围，60多家媒体争相报道。这次大赛成为了亚洲第一个创业者计划大赛，也正是在那个时候，中国的相关部门提出要加快风险投资的发展。

倪正东和自己的伙伴都看到了创业浪潮下潜藏的机会，他决定放弃出国的想法，就在北京创业。但是有一点他很明确：即使决定了创业，也不想放弃学习。1998年10月，倪正东报考了清华经济管理系的博士，那年他没有回老家过春节，就在清华北门租了个小平房，生活、工作、复习，经过三个月的刻苦努力，最终成功考取。

1999年，倪正东一边读博士，同时担任清华大学科技创业者协会会长，又开始负责第二届创业大赛。当时由清华大学向团中央汇报，这项创业大赛就发展成了后来每年在全国范围举行的“挑战杯”大学生创业计划竞赛。

也就是那一年，一个以色列人和网易的一位投资人在媒体上看到清华创业大赛的消息，他们找到倪正东，表示希望投钱给他办个公司。1999年12月，倪正东创办了北京清科信息咨询有限公司，担任CEO。之后他又陆续寻找了其他一些天使投资人，包括香港联想的创办人之一吕谭平。

熬过寒冬，参与天使投资

然而，借着当时互联网风潮带动的中国创投行业的第一个发展高潮并没有持续很久。进入2000年后，互联网泡沫的破灭让众多网站和创业企业一夜倒下，同时伴随创业板搁浅，中国创投行业刚刚起步就遭遇了寒冬，进入了接下来三年多的寒冬期。

倪正东和刚刚成立一年的清科也同样在忍受煎熬，当时与他一起创业的五个清华同学，其他四人先后放弃了坚守，有的去了加州理工读博士，有的去了哈佛读MBA。倪正东坦言："就像刚出家门就碰上暴风雪，这个时候是回家呢，还是继续往前走？"就在最艰苦的时候，哥哥伸出了援助之手，筹资为他仅剩的几个员工发了薪水。

慢慢熬过寒冬期的互联网经济开始逐渐复苏。而从2000年开始，无论情况如何变化，清科每年底都会举办一次行业内的年度论坛，邀请创业和投资领域的高手盘点过去一年行业里的亮点与危机，共研未来机遇与发展大计，这也成为清科核心业务之一——促进创业者与投资者之间互动交流的会议论坛业务。同时，清科每年都会发布创业投资领域的核心研究数据和报告，评选出行业内最活跃、最佳的VC/PE机构排名及行业动态和趋势，这也成为清科核心业务之二——创业投资领域市场分析及数据研究业务……随着业务模块的逐渐完善和对行业的不断深入，清科在会议、论坛和数据研究的基础上，开始涉足为创业者和投资人提供私募融资投资、兼并收购咨询服务。2006年，又募集成立了清科创业投资基金，开始涉入直接投资成长型企业的私募股权直投业务，再到后来又开展了投资优秀VC/PE的母基金（FoF）的管理平台业务。

从2009年开始，清科借助自身的创投基金平台，开始以"机构为主+倪正东个人为辅"的形式涉足天使投资领域，直接投资的企业包括博纳影视、麦考林、百分通联、56网、海报网、天涯社区、梦芭莎、三夫户外、爱康国宾、5173、中特物流、中经汇通、小马奔腾影视、窝窝团、嘉和医疗、乐宠等。清科创投目前共投资60多家企业。

倪正东坦言，自己在二十四五岁开始创业时一没背景二没资历，很感激给予他支持的那些天使投资人。如今，在清科积累了足够的行业资源后，倪正东决定同样以天使投资的方式帮助新创业者。或许，这就是最好的回报。

倪正东&清科投资风格

一、主要以“机构为主、个人为辅”的方式做天使投资；二、以天使、早期投资为主，兼做部分中后期联合投资；三、一般投资额度100万美元左右，投资范围为50万美元至500万美元；四、主要投资TMT领域（包括互联网、移动互联网、传媒等），也做部分消费、医疗、清洁技术投资。

李开复&创新工场

把优秀的人聚在一起，看对趋势并给予指导

给创业者的五句话：1.判断未来趋势，顺势者昌，逆势者亡；2.最重要的成本是机会成本；3.关键在执行，魔鬼在细节；4.专注你的用户，一切都会接踵而来；5.简约聚焦，学会说不。

微心得

创新工场可以算是机构化天使，它融合了“资本投资+孵化服务+专家判断和指导”。这个模式并不容易做，因为需要有很有耐心的资金；而且要有资深有经验的团队来提供孵化服务和技术方向与产品指导。创新工场在这方面有先发优势。

对于项目的判断不是一门科学，不能说百分之百判断就一定会爆发式成长，一定能达到10亿美元的估值。但有一个基本原则：如果觉得成为估值10亿美元的公司基本不可能，那我们就不会投；如果觉得概率在增加，我们就会追加投资。

创业者的抗压能力要很强。不要碰到一点小事情就愁眉苦脸、觉得是世界末日，要善于鼓舞团队，虽然自己心中很挣扎纠结于一些事情，需要有魄力，能够让团队愿意跟随他。

创业者在寻找投资时，最好不要找自认为是老板的投资人，但如果实在没选择，至少在协议条款上一定要保护好自己，不要把董事会的决策权或太多的股份让出去 。

中国过去做得很成功的传统企业，很大程度靠一个特别有魄力、魅力和能力的老板，带着一些愿意跟着他打仗的兵打出来的江山。但是在高科技领域，一个创业者需要的不只是听话的人，而是一批聪明能干的团队成员，有愿意分享、透明、平等、创新的机制。

在爆发式增长的大领域里再挑选爆发式增长的应用，这就是顺势而为。如果能挑到好公司，能够顺势而为的话，这个往往比你的点子和创意重要太多。

很多公司以为微博营销就是用微博卖产品、打品牌、给自己官方账号刷粉，其实，用微博理解用户是最直接、简单的。用户在微博上要比在作调研时更坦诚、积极。我们投资的每个项目，我都会定期在微博搜搜用户反馈。

三个巨大的机会同时爆发，创业成本达到历史新低

现在是中国有史以来最独特和最佳的互联网创业机会：创业成本低，投资回报高 。中国网民已超过5亿，市场很大而且未来还有更大的成长空间。中国的互联网企业的估值和美国差不多，但是创业成本只有美国的五分之一，所以是更划算的创业时机，你成功了会跟美国人一样有价值，但成本只有五分之一，这就是5：1的优势。另外一点，对于那些用功的创业者，创业失败概率相对较低，中国创业兴起的时间较晚，也正因此得以站在巨人的肩膀上，参考国外的模式，这帮助中国创业者大大降低了失败概率。另外，诸如Facebook、Google等这些国际互联网企业进不了中国市场，或者决定暂时不进，我们所面临的竞争也远远降低。

最近有一本书《精益创业》（*Lean Startup*），讲的就是“瘦公司”或“轻公司”创业，它的理念是在今天做一个企业跟过去大不一样：第一，过去要把一个完整的产品从无到有打造出来，然后最终让人眼睛一亮，你需要工厂、渠道、广告、销售、市场等投资。但是今天的互联网创业，你不再是几年造一个东西，而可能三个月就造出来了，放到网上让人们去试用，然后做得越好就不断地迭代更新，把互联网当做实验室，根据用户的回馈不断地完善。这种所谓迭代型的轻公司创业模式，也是最近5～10年随着互联网的发展刚刚兴起的，互联网的营销和市场渠道是一致的，不用到媒体和电视上投入无法衡量效果的广告，你开发出来的产品放到App Store，然后用微博、搜索引擎推广就可以了！也就是说“市场+销售+渠道+研发”完全一致而且

免费，至少开始做的12个月成本极低。

第二，过去创业的研发周期僵化，研发成本太大，你得先作用户调研然后去开发，经过多年产品研发出来了，但问题是多年后用户的需求可能已经改变了，另外如果你调研做得有偏差，也可能带来致命的错误。而今天的产品开发不是一次到位，而是多次快速迭代，比如Facebook，最开始就是男孩看女孩漂不漂亮，女孩看男孩英俊不英俊，在这个基础上再加第二个、第三个功能，如果解决了之前的问题再增加功能、放宽你的用户群；如果结果差强人意，就把互联网当实验室，不断尝试迭代，直到用户满意或放弃。比如说，你可以试试看图片要多大的，可以先尝试一半用大图片，一半用小图片，看哪个效果好。小图片快，用户喜欢快，而大图片看得清楚；或者应该用蓝色的字体，还是红色的字体……这些你都不需要事先作用户调研，直接在互联网上让不同用户尝试，再看看他们的反馈就知道哪种更合适了。

第三，现在做产品开发还可以省去一块很大的成本，就是可以用开源软件进行开发，很多工具都有开源的。和传统的硬件制造比，你没有库存、不需要工厂。所以，创业成本真的达到历史新低。

第四，在美国过去这10年有三波比较大的创业巨浪：一个是电子商务，一个是社交网络，一个是移动互联。这三者在美国的引爆点是不一样的，电子商务10年左右了，社交网络大概4～5年前进入主流，移动应用是过去1～2年才开始的。在中国市场，我觉得特殊之处在于，这三个事情几乎是同时引爆：电子商务稍早一点，社交、移动都是正在爆发。美国花了10年才引爆的三件事情，在中国3年里就看到它们一起爆发了，所以现在的创业时机甚至比美国更好，可以在三个引爆的地方找到众多的发展点和机会。

综合起来，中国眼下的互联网创业时机大好，三个巨大的机会同时爆发，创业成本达到历史新低，而且比美国还要低——这就是创新工场的机遇和存在的理由。

投资的五个判断标准

创新工场投资选择的策略有四点：第一是针对性挑选投资一些特殊关键的领域，不是什么都投；第二，用我们的运营和孵化模式与能力，帮助这些创业公司快速成长；第三，看到好的公司不断加注；第四，除了我们自身投的种子期、孵化期的这些公司，也会根据从他们身上学到的东西，再去找一些可以中后期进入的合适项目。

我们对投资和孵化的项目，具体有五个判断和选择标准：

第一，这个细分的小领域是否处于爆发式成长的领域？比如说，我们的重点之一是移动互联网，但是我们绝对不考虑大部分移动互联网里面的细分领域。比如我们当然不会考虑一个WAP网站。我们会把移动互联网当做一个大领域，然后在里面挑最可能即将爆发式成长的小领域，例如移动游戏。如果小领域挑对了，在爆发式增长的大领域里再挑选爆发式增长的小领域，这就是顺势而为。如果能挑到好公司，能够顺势而为的话，这个往往比你的点子和创意重要太多。

第二，我们只投有可能成就巨大价值的公司，当然，作为一个初期公司，这是一个不确定性的判断。不过，具体说是10年后估值10亿美元的公司。如果以10亿美元为一个估值单位，那么营业额就要达到1亿美元，而且有不错的利润。通常要达到上亿的营业额，而且要有不错的利润，这个公司一定要找到一个爆发的趋势，而且不能只是服务业的公司（例如外包），而要有一个可扩张的产品业务。

我们可以探索这个领域能有多大？这个公司能占有多少全领域的份额？公司的商业模式是什么？是入口、广告、分成，还是虚拟物品？这样的商业模式能否产生10亿美元所需要的营业额和利润？当然对于项目的判断不是一门科学，不能说百分之百判断就一定会爆发式成长，一定能达到10亿美元的估值。但有一个基本原则：如果觉得成为估值10亿美元的公司几乎不可能，那我们就不会投；如果觉得有可能，我们才会考虑。

第三，创业的成本投入要非常低，我们不喜欢capital intensive（资本密集型）的公司。如果你的创业需要马上建立一个巨大的渠道或者要开工厂，或者要建立复杂的物流，我们就不会考虑。这不是说这些公司不好，而是我们更喜欢低成本的公司。低成本的公司初期回报会更好，而且如果失败损失有限。

第四，一定要可本地化，在中国是有希望的。中国的很多创业项目都是从美国公司得到的灵感。一般美国被追捧的创业公司，在中国很快也会火起来，于是很多人就会学习甚至抄袭美国。但一方面要符合中国用户的习惯，另外也要看是不是有政策限制的问题。有一个很火的网站“Four Square”，但在中国就没有起来，理由是它的模式太不符合中国人的需求。另外，一个叫Square的支付公司在中国太难做，因为中国支付比较特殊。所以在中国能否本地化是重要的。

第五，要有差异化。中国比较恶劣的竞争环境和“山寨”现象导致了，如果有一个领域看起来很不错，大家都可以做、门槛很低，就蜂拥而上。团购是最好的例子，虽然增长是快的，它的价值和营业额未来也可以很高，绝对可以本地化，但是同质化的竞争将会导致利润下滑，蓝海很快就成了红海。因此，我们一直没有投资任何团购网站。

四个投资领域

过去两年半，创新工场主要投资的领域有四个：第一个是基于安卓（Android）生态系统的项目，第二个是游戏，第三个是社交，第四个是LBS（Location-based Service，基于位置的服务）。

所谓安卓的生态系统，这个操作系统是非常优质的，Google在美国的模式送你操作系统，然后你也不会拒绝它的服务，因为也做得很好，包括YouTube、Gmail邮箱、搜索、地图等，这些都是标准的Google一整套配套的东西，它跟互联网的连接、它的浏览器等在美国都很完善形成了产业链，它提供的服务好用，用户就全部接受了并且喜欢用。Google的模式是一大堆东西里，它最在乎的就两样东西：市场和广告。

但是这个模式在中国是不行的。一是上面这些应用未必是中国用户最喜欢、最想要的，另外Google选择了退出中国，这个过程中就很难把互联网连接、浏览器等其他衍生配套的东西发展起来。所以，我们判断Google的安卓系统在中国是可以成功的，因为开源、免费、技术也做得不错，但它在中国的移动应用策略一定是失败的，这点我们在两年半前就看清楚了。那么这里就有一个巨大的市场空白，用户拿到安卓系统的手机，但是没有配套的应用和服务，而且中国的运营商在手机上预置应用软件的能力比美国又差很多，我们就应该做一套Google在中国没有发展起来的东西，基于安卓生态系统的项目一定是有潜力的。虽然我们刚开始做的时候还有很多质疑的声音：比如说Symbian是老大，Google要抢食没机会，还要和运营商合作等，但我们还是很坚持，而且很早就对外说了这个判断。像我们投资的豌豆荚、点心、友盟、应用汇等，都是基于安卓系统的项目。这一批投资可以列入中国安卓的领跑者。

第二个领域，就是基于游戏生态链在转型的“轻创业”机会。游戏领域很多人笼统地把它绑在一起，说过去的网游不再增长，但我们看得很清楚。在国外有几个现象在崛起，首先是移动和碎片时间。和过去不一样的是过去用户一次花很多小时玩“魔兽世界”，而现在用户一次游戏可能就是10分钟等车的时间。另外，社交化也很重要，我们从Zynga和其他类似游戏学到游戏的设计不再是像电影这样的“巨作”过程，而是不断优化、迭代、运营的“轻创业”公司。另外，我们很早意识到HTML5.0的崛起、iPad的普及性。这些趋势都带来了相对应的投资机会。我们投的涂鸦移动就是基于移动社交的游戏应用，行云则是建立了一个社交游戏的云平台，磊友则是基于HTML5.0的游戏平台，乐豚和齐乐家则是iPad上的儿童游戏。

第三个领域是社交。对于社交其实已经有点晚了，微博已经起来了，人人网、开心网、QQ也都做得很不错，但我们认为社交网络领域不是一家公司可以霸占所有的机会。如果具体分析，社交网络有熟人跟陌生人的、有实名跟匿名的、有深度跟浅度的，像美国的Twitter就是最浅度的140个字，还有跟地理位置相关的、不相关的，多媒体的或非多媒体的，还有单向跟双向，像新浪微博其实是单向的，而QQ是双向的等。我们会系统化地细分，并且研究国外走向。 我们投的点点、知乎都是社交领域的项目。

第四个领域是LBS，基于位置的服务。在中国提供有关地理位置的服务，要关注的不是说做什么平台、能够把地理位置提供给谁，而是从用户的角度能得到什么更好的服务。我们想投资的不是“告诉别人我在哪儿”的应用，而是“用我在哪儿解决真正问题”的应用。比如说我肚子饿了，知道我在哪儿很重要，我需要知道附近有没有服务提供； 中国网民在这方面比较务实，所以就把吃喝玩乐、衣食住行加上打折省钱提供给用户。我认为这是中国LBS最重要的核心，至少在未来两三年有很大的机会。像我们投资的布丁和酒店达人都是这个领域的项目。

三个“不投”方向

同时，我们有几个方向是肯定不会投的：一是团购方向；二是电子商务的B2C方向；三是做平台的LBS方向。

对于团购，我们在两年前就提出它没有门槛，人人都可以做，所以竞争都是看谁最便宜，最后大家都活不下去。价格竞争就只能带来两件事：一是团购网站赚不了钱，无法生存，二是商家赚不了钱，就没有商家愿意再为用户提供价值。在用户价值和商家价值里，它完全偏袒了用户的价值，忽视了商家的价值。这些问题，我在两年前都在我的微博提出，可惜很少投资人参考我的建议。

B2C电子商务我们也不介入，但不是说我们不看好，而是不符合创新工场“轻公司”创业的模式。我们认为B2C还是很好的，只是成本太高、不划算，比如获取用户的成本高，打品牌、推广的成本高，就做不了“轻公司”。因为要花很多钱去打广告，像京东、凡客巨大的物流成本，还有像钻石小鸟要线下开店，这些已经失去了互联网真正的优势。当然像凡客和京东在几年前品牌建设成本与用户获取成本低的时候就已经做起来了，但现在再有新公司去做就很困难，成本很高了。

最后一个，我们不投做平台的LBS。我们觉得，把地理位置提供给用户，这本身并不是用户的需求，比如现在的签到、报到、点名这些应用，那大家签到后去干吗呢？用户没有这个需求，做互联网产品忘记用户需求是不行的；而且一做就是想做平台，就什么领域都想做，就违背了在一个领域做细的“轻创业”的原则。提供给用户的服务和内容是关键。

“倒金字塔型”跟投模式，伴随好公司一起成长

我们具体的投资方式和其他天使投资人或者机构不同。他们可能大部分只投第一轮或前两轮，然后可能就退出，导致到后来，没有分享到企业自始至终的成长价值。而创新工场则是希望伴随优质企业从头到尾一起成长。我们每年在早期大概30万美元一家这样投30家公司，然后在这30家公司里面会挑12家左右再投第二轮，再继续选拔8家公司投第三轮，最后再有3家公司投第四轮。我们知道这30家中最终能够成为估值10亿美元的公司还是非常少数的，所以我们的模式是：1.精确挑选高成长领域；2.在领域中尽量多投；3.投资到好的公司就要在下轮加码，增加份额。这样才能最大化我们投中10亿美元公司的概率，并且最大化我们在这样的公司里的份额。

往往天使因为在后轮占的份额较小，能提供的帮助又不如VC，就会被要求早点把自己的股份卖给VC。创新工场将尽力避免这样的命运。那怎么样才不会被后来的VC排斥出去呢？在于我们的价值：第一、在我们的团队里面，不止有做天使的人，最关键是对产业真正了解和有经验的专家，在所投公司的董事会上还是可以起到作用的；第二，创业者对我们的感情和认可；第三，在公司运营上我们能真的提供相当大的价值；最后一点，靠我们的股份保证，如果经过三四轮以后还有较高的股份，就不可能全部卖掉。

不易复制的“资金+孵化+专家指导”模式

创新工场希望能够帮助创业者以最快的速度扩张，希望我们的帮助能让创业者节省出1/3的时间，让创业者能够把这些时间投入到创业中。在这个初衷下，我们有三个计划帮助创业者：

第一个是最核心的创业“加速计划”：针对有经验的，具备清晰的商业计划、产品模型和核心成员的创业团队的加速扩张和发展的计划，这部分主要以招募和吸纳外部项目进场孵化为主，当然也可以不入驻；第二个是基础/系统性的创业“助跑”计划：针对有商业创意、初次创业的年轻创业团队；第三个是针对个人的创业“企业家”计划：针对有丰富业界经验，希望开创自己新事业的高端人才，但是尚未打造商业计划。这三个计划我们现在都在进行，而且大多数都在前9个月入驻工场。无论入驻还是不入驻，我们都给所有的项目提供比别的天使或者VC多一些的孵化服务，包括投资、融资，帮你策划，给你意见，市场的、产品的发展方向，融资的方法，上市的渠道，战略的分析，竞争对手的分析，投资团队的帮助等，应该说投资团队对所有正在孵化的项目都一视同仁。

整个创新工场的架构是：15个人的投资团队帮他们理解行业、敲定战略、打造产品、准备融资；30个人的运营团队帮助创业公司做招聘、帮他建立所有法务和财务架构，帮他发股份，然后帮他每个月发薪水，社保、税务、财务、租房子、法务等一系列服务。具体对项目的帮助方面，在技术层面我们有一个架构师，用户体验有一个设计总监，还会从外部找人来对创业者进行指导，确保他开发的代码跟做的体验设计都很好。一旦他的产品做好了，我们会帮他做公关、产品推广、线下活动等。

这其实就是整个孵化的过程，目的是希望能够让创业者把更多时间花在产品和开发上，更快地推出产品，这样就能比竞争对手更快一步。同时，所有团队在创新工场和其他创业团队一起办公，降低了他们创业的风险，大大降低了他们的成本。总之，就是让他的成功概率增加，失败概率降低。

但创新工场这种“资本投资+孵化服务+专家判断和指导”的孵化器模式是很难复制的，首先需要有资金来支撑起这个模式，而投资这样的资金是需要很长的周期和耐心的。其次，提供孵化服务和技术方向与产品指导就更难复制了，尤其是能让创业者真正信服的技术专家和产品专家。创新工场在这方面有先发优势。

文化传承更重要：企业不仅要赚钱，而且要值得尊敬

创新工场为什么要定位于为中国创业企业提供“天使投资+企业孵化”？是因为我看到几件事情：一是在Google时，我的团队里有很多人离职创业，都做得很好，几乎没有倒闭的，这是为什么呢？我归纳了一下，认为有下面几个因素：一个是Google当时能够吸引中国最优秀的人才，他们是顶尖的人才；二是他们通过Google的“望远镜”看到了未来的趋势，而且是未来美国的趋势，这个很有价值，对中国市场有前瞻性的作用；第三，他们得到了多方面的指导。所以，优秀的人看对了趋势，再得到指导——这就是成功的秘诀。

我认为在Google是偶然地把这批人凑起来了，那如果我们能够做一个规模化的机构，有意识地把优秀的人聚在一起、看到未来的趋势并且得到很好的指导，是不是可以让中国有更多、更好的创业公司？如果能做到的话，一方面在长期可以产生很多价值和利益；短期来说，我们可以帮助很多有激情

的创业者，让他能有更好的成功机会和概率，能够打造出很有价值和合适价值观的公司。如果你不提供这样的环境，这些创业者可能会碰到超过他们承受范围之外的压力和挫折，因为他们没有这个“望远镜”，没有这个教练。最重要的是，经过对他们的帮助、培养和熏陶，能够创造一批中国能够走向世界、很值得自豪、很有价值的公司，不但产品做得好、能够赚钱上市，更重要的是有很好的价值观和企业文化，像Google早期的不作恶文化，苹果的创新文化……创新工场有最重要的一点，就是传授价值，而不是可以讲出来的那些，比如技术、开发、设立公司、法务、财务什么的，就是教授他们如何做好事情的一种文化、一种方式、一种氛围。

中国过去做得很成功的传统企业，很大程度靠一个特别有魄力、魅力和能力的老板，带着一些愿意跟着他打仗的兵打出来的江山。但是在高科技领域，你需要更多的是一批很聪明能干的团员，有愿意分享、透明、平等、创新的机制。在创新工场的环境里，你会看到我的办公室是透明的，大家都是小小的位子，没什么官僚制度，每个人都愿意分享，任何人有问题和需要都可以来找我——这些事情需要传授的不是一种知识或技巧，而是做事的方法。

所以，我们能够改变的其实就是两件事情：第一，当然是大大提升这些青年创业者成功的概率，让他们发挥潜力，得到他们应得的回报；第二，不只是教他们做什么事情，更重要的是教他们如何做事情，让他们创立的公司不仅仅赚钱，而且是值得尊敬、有企业文化的公司，符合创新精神的公司，能够可持续发展，能够走向世界。

创业者要更专注，既有魄力和胸怀，又善于听取意见

我发现，不少创业者经常有两个最大的问题：一是不专注，创业者都是聪明人，但这种聪明是把双刃剑，一方面聪明人自然受到的诱惑比较多，也容易改变自己的方向；另外，聪明人喜欢用复杂的方法来解决巨大的问题，而不是用简单的方法专注来解决一个简单的问题，然而现在这种“轻创业”恰恰需要创业者用简单方法解决简单问题。第二，创业者能不能在魄力和胸怀，以及愿意听取别人意见这两者之间取得平衡，现在很缺乏既具备主观的魄力和能力、又愿意听取别人意见的创业者。

具体在选择团队上，要从几方面去看人：第一，需要这个人深谙行业走向，一定是他考倒了我们，不是我们考倒了他。这个很重要，我非常相信“一万小时”的概念，你真的只有花苦工大才能得到成功和尊敬，那些拍脑袋想到一个点子的人我们不会投。深度的理解和工夫、勤奋，是特别重要的。

第二，需要这个人善于学习而且能够成长。因为他需要能够在三五个人的时候没有架子，放下身段做客服，他也需要在公司到的两三百人的时候做CEO，能放权去雇人做和管理，所以学习能力、成长能力一定要很强。

第三，需要这个人抗压能力很强。不要碰到一点小事情就愁眉苦脸、觉得是世界末日，要善于鼓舞团队，虽然自己心中很挣扎纠结于一些事情，需要有魄力，能够让团队愿意跟随他。魄力也是不同的，有内向的，有外向的，有很张扬的，有很沉默的……但是这个团队要认为老板不错，跟着他值得。这种领导的魄力和能力也是非常重要的。

第四，沟通能力也很重要。包括对各种不同的人的沟通能力：跟自己的员工，跟投资人，跟合作伙伴，跟顾客，跟媒体……都要能沟通。每一种沟

通都有不同的艺术和技巧，这是做CEO都需要的，别的职位可能不需要每一种都要。

对创业者，我还有几点具体的建议：一是一定不要失去掌控权，最好不要找君主式的投资者，但如果实在没选择，你在协议条款上一定要保护好自己，千万不要把董事会的决策权或股份让出去；宁可阶段性拿少一点钱，因为你的公司会越来越值钱，所以你与其一次释放40%、50%的股份出去，不如分两次释放，这样每一次价值更高了，反而可以融到更多的钱。二是不要怕失败，有可能拿了一点钱，6个月后没钱了，项目可能就要倒了，但是没有关系，从头再来。三是跟天使投资人要互相信任、互相尊重，不要只是拿了钱就走了，天使能给到创业者很多很好的帮助和建议，双方的信任和沟通很重要。

有一位创业者跟我要一句话，我想了想，决定给他五句：1.判断未来趋势，顺势者昌，逆势者亡；2.最重要的成本是机会成本；3.关键在执行，魔鬼在细节；4.专注你的用户，一切都会接踵而来；5.简约聚焦，学会说不。

李开复：
用机构天使投资模式帮助有梦想的年轻人

在中国的创业圈子里，李开复是个明星式的人物。他在微博上的粉丝量早已达到千万级别，这是只有极少数娱乐明星才能“享受的待遇”。有太多的头衔或身份可以描述他：计算机科学研究者，跨国公司高级职业经理人，青年导师，到如今创新工场创始人兼天使投资人……每一个似乎都互不相干，但每一个其实都息息相关——不论从事什么工作，李开复始终没有忘记对中国青年的关怀和关心，也正是这种情怀决定了他的每一次职业选择和重大节点的变化。

很多人对这种所谓的情怀不以为然，但无论外界的评价如何，李开复始终坚持“follow my heart”（跟随自己的内心）。2009年从Google离职创办创新工场时，李开复就饱受外界的“误读”，坚持了两年多时间后，创新工场如今已成为中国最有代表性的机构天使投资者，他希望可以用“天使投资”

的方式继续关心青年人，帮助那些有梦想的创业者实现自己的梦想。

截至2011年12月，创新工场投资孵化了包括点心、点点、魔图精灵、豌豆荚、友盟、知乎、涂鸦异动（Doodle）、行云等43个项目，其中16个项目进入A轮，融资规模从500万～1000万美元不等；两个项目被收购（其中魔图精灵被百度收购）；超过5个项目（包括点心、点点、友盟等）拿到外部公司的投资；而所投项目中只有三个关闭，两年中关闭率不到10%。

在下游投资孵化的项目表现不俗的同时，创新工场在上游也获得了更多资本的支持：除了成立之初第一期获得刘宇环领导的中经合集团、郭台铭领导的富士康集团、柳传志领导的联想控股、俞敏洪领导的新东方教育集团、YouTube创始人陈士骏等人的资金支持外，2010年又获得联发科和美国Foundation Capital、硅谷著名天使投资人罗恩·康威（Ron Conway）以及俄罗斯风投大鳄DST创始人尤里·米尔纳（Yuri Milner）的投资。创新工场的首只美元基金已关闭，目前美元基金全额为1.8亿美元，人民币基金规模将达到5亿元。

各地政府、风险投资机构甚至个人开始模仿和借鉴创新工场，“孵化器+天使投资”的模式在各地纷纷出现：上海、成都、杭州、重庆、深圳、南京市政府都邀请李开复去进行“孵化器模式”的交流；2012年初Pre-Angel的孵化器——青阳天使基金即将出世，加上之前成立的天使湾投资基金等，创新工场的模式得到了越来越多人的认同。

对于“一开始被误读”的创新工场，李开复强调：“创新工场的根本目的，不是最快地赚到最多的钱，更重要的是多大程度能做成催化剂效应，让中国的创业生态系统更好，让它更规模化帮助更多人，让更多人可以参考它再帮助更多人。”

“开复老师”：微软亚洲研究院结缘中国大学生

李开复1961年12月3日生于中国台湾，是父母的老来子，那年父亲55岁，母亲44岁。11岁那年他就离开父母到美国读书。1983年，李开复先在哥伦比亚大学政治系就读，后来因为实在不感兴趣而转到计算机学院，毕业后他进入美国卡内基·梅隆大学继续攻读研究生，于1988年获得计算机学博士学位，并留校任教。

任教两年后的1990年，李开复收到苹果公司的邀请，离开了卡内基·梅隆大学加入了苹果，主管多媒体部门，主要负责语音识别技术，后来担任多媒体互动部门的总监。李开复在苹果工作了六年之后离职，加入了美国以做高端服务器和超级计算能力可视化工作站为主要业务的公司SGI，担任全球副总裁。

1998年，李开复离开了SGI公司，加盟微软。他受总部之命，回到中国创办微软中国研究院，在他的带领下，微软中国研究院以新一代多媒体、用户界面和信息处理技术为主要方向开展基础研究，很快就获得了业界的认可，并改名为微软亚洲研究院，当时被《麻省理工学院技术评论》评为“最火的计算机实验室”。

在此期间，总是不断有在研究院工作或实习的学生来向李开复请教各种问题。从这些问题中，李开复发现，中国大学生更多的是对生活本身迷失方向，是对人生价值观取向上的迷失，他们每个人都充满激情，却没有人指导他们、帮助他们。

李开复多次表示过，自己对教育和对青年人的关心源于父亲的影响。其父对国学颇有研究，曾任台湾国民党“立法委员”，后来为政大历史系教授，老人一生心怀国家和社会，忧国忧民，充满社会责任感，临终前留给孩子的遗愿是写一本关于中国人未来希望的书。虽然自己在父亲身边只成长到11岁，但父亲去世后李开复愈加感到那种无声的影响，他非常想帮助这些大学生。

李开复开始通过演讲、报告并且给中国大学生写信，希望能将自己以往的经验和心得与他们分享，内容涉及纯学术的计算机研究，科学、教育和人文的关系，更多的则是中国大学生如何做人、做事。2000年时，李开复先后给中国大学生写了七封信，同时还开办了针对大学生的网站——开复学生网（后来更名为我学网），他自己在这个网站上回答了超过1500封信和论坛的问题，还发动自己身边经验丰富和资深的亲朋好友在网站上注册成为Mentor（导师）给学生解答问题，同时鼓励学生之间互相学习和交流。

也正是写给中国大学生的三封信，让李开复在中国广大的青年人中开始享有盛誉，很多青年人都亲切地称呼他为“开复老师”。而在2001年，中央电视台《对话》栏目邀请李开复与当时北大副校长陈章良参与有关“人才”的评述节目，双方对“人才”的认识偏差让他开始思考除了帮助学生，是不是也可以帮助学校。于是，李开复写信给当时主管教育的副总理李岚清，多次和教育部门领导探讨高教的发展，又在《科技日报》上撰写“美国大学启示录”系列文章，直到今天他最喜欢读的书之一还是美国著名大学历史上知名校长的传记。

在创建微软亚洲研究院的时期，李开复得以和中国大学生近距离接触，从那之后他便与中国大学生、青年人结下了渊源，并且之后的每一次人生选择似乎都和中国的青年学生有关。由于创办微软亚洲研究院非常成功，李开复受到了微软总部的认可。从2000年之后，他升任公司副总裁，调回微软西雅图总部负责自然界面部。

加盟Google重返中国，坚持帮助年轻人

2005年，李开复身在西雅图的美丽景色中，心里想的却是远在大洋彼岸的中国，想的是那些曾经受过自己三封信和演讲鼓舞的中国大学生，他非常清楚自己的归宿在中国，希望能在中国创造更大的价值。

在这之前，李开复甚至有过在中国办一所大学的想法，希望用专业学校的方式真正切实帮助青年人。虽然这个想法没有实现，但他意识到可以通过自己的付出帮助青年成长，也正是在那个时期，李开复推出了写给年轻人年轻人的励志书籍《做最好的自己》。

经过思考，李开复作了一个决定：离开微软总部，回到中国。而这时一家在2004年上市的新锐互联网公司——Google表示要布局进驻中国，这家做搜索引擎公司是当时美国“最酷”的公司，而中国的百度也于2005年刚刚在纳斯达克上市，获得了市场认可。Google此时计划进入中国市场，让李开复感到了重燃激情、重返中国的激动。

在网上搜索到当时Google总裁艾瑞克·施密特（Eric Schmidt）的电子邮箱后，李开复主动给他发了邮件，希望加盟Google。2005年7月，双方迅速达成一致，李开复决定加盟Google，重回中国。之后，虽然Google和微软因此引发诉讼，中间几经波折，但双方最终取得和解。2005年9月，李开复来到北京，着手组建Google中国的团队。

在之前雅虎、Ebay等跨国互联网巨头进入中国市场都折戟的情形下，李开复要带领Google进中国同样被很多人质疑。他一面加紧面试和招聘，一面根据中国市场制定符合本土需求的搜索引擎产品战略，李开复开始了全新而忙碌的跨国职业经理人生涯：一面通过招聘全国有想法和激情的大学生加入Google，与他们交流；一面在Google“20%做自己喜欢的事业”的企业文化下，将工作之外所有的剩余时间都花在了中国大学生身上，每年都会有半个月时间去十几所大学演讲，和大学生近距离沟通。

创办“创新工场”，专注帮助青年创业

在李开复的带领下，Google中国先后推出谷歌中文搜索、谷歌地图、

视频搜索、移动搜索、博客搜索、音乐搜索等一系列产品，逐渐分食之前绝大部分由百度所占据的中国搜索引擎市场。2006年Google在中国搜索引擎的市场份额还是16.1%，而2008年就达到了31%，成为中国市场的第二大搜索引擎。

然而，Google和其他跨国互联网公司在中国面临的问题虽有差异，但也有相同之处：Google总部产品的中国本土化，美国和中国本土国情的一些不匹配，Google的政府关系处理……这些都让李开复和Google中国虽然稳步发展，但也阻力重重。

李开复也越来越觉得自己不再适合继续既有的职业经理人模式，2009年，48岁的他决定改变，真正去做一些自己感兴趣、同时能对他人有价值的事情。这年9月，李开复从Google离职，宣布成立了专门针对青年人创业帮助和指导的机构——创新工场。也是在这一年，他还推出了自传《世界因你不同》。

李开复说自己创办创新工场是因为它串联了自己生命中最重要的几个关键词：中国、青年、创新和创业，是一种自然的延续，一种跳跃中的传承。创新工场最初定位于“天使投资”+“项目孵化”，希望帮助有创业梦想的年轻人，给予他们资金的支持和经验与产品构建的帮助，同时帮助创业者建立团队、建立团队文化、提升领导力、提高创业成功率。

2009年“天使投资”的概念在中国还很陌生，而很火热的风险投资基本集中在中后期的项目，创新工场也遭到了外界的种种质疑和误读。然而，李开复希望帮助年轻人的想法从未改变，从最早对大学生在人生观和价值观方面的思想帮助，到创办创新工场、在资金和经验方面切实帮助年轻创业者，对青年人的帮助和关怀早已成为他生命和生活的一部分。如今，看到创新工场孵化和培育的一批批企业不断成长，李开复更加坚定了创新工场的模式——用机构化天使投资模式帮助年轻人。

李开复&创新工场投资风格

一、机构化的投资模式："天使投资"+"孵化器"模式进行，企业可以选择入驻创新工场接受孵化，也可以选择不入驻只接受资金支持；二、外部招募项目为主，自身孵化项目为辅；三、只投"轻公司"或"瘦公司"：即不需要沉重和庞大的物流、工厂等起始庞大资本撬动，而只是一个创新的产品或应用通过不断"迭代"改进发展的项目；四、投资领域相对集中在无线互联网、云计算等TMT高科技领域为主，基本不做传统行业投资；五、不但给予资金支持，更多给予孵化项目的配套服务；六、对所孵化项目进行资金支持、配套服务孵化外，更看重培养孵化企业的平等、分享、自由、创新的企业文化价值观。

第二篇

天使投资一点通

对于“天使投资人”的定义，美国有一个“3F”的惯常说法：即Family——家人，Friend——朋友，Fool——傻瓜。即天使投资大部分都是创业者向家人亲戚、朋友和“傻瓜”凑钱，以启动项目。随着创业产业链的成熟和发展，才逐渐出现一些职业天使投资人。

Facebook背后的天使投资

2012年年初，全球资本市场和投资者都将关注的目光投射到了一家互联网公司身上：2月初，Facebook正式提交了上市申请文件，启动IPO进程。这家发展历程不过八年的创业公司，在上市之前的估值已达1000亿美元左右，人们都在猜测，上市之后它又将有怎样的表现?

Facebook不过是硅谷神话中最新的一个，当然也不会是最后一个。数十年来，硅谷在全球范围内引领了创业、创新的潮流，孕育出一代代执业界牛耳的公司。外界不断分析硅谷成功的内在基因，并试图在其他地方复制。

抛开其他因素暂且不讲，要将一个创意或一项技术变成现实的企业，创业者必须要有最初的启动资本。套用一句中国的俗话，“钱不是万能的，但没有钱是万万不能的”。在苹果公司、Google、Twitter等这些创新型企业成长的过程中，我们不难发现，往往都有“贵人”在早期为他们投入一笔资金。彼特·泰尔之于Facebook创始人扎克伯格，安迪·贝克托斯海姆之于Google创始人佩奇和布林，已成为江湖中的经典传奇。

这些人被称为“天使投资人”，他们用自己的资金去支持那些有梦想的创业者，这种行为便叫做“天使投资”。

天使投资在中国的发展历史还很短。而随着中国经济的快速发展，一批先富起来的人和成功企业家也开始尝试进入天使投资领域。可以期待的是，天使投资人群体的增长和成熟，会帮助更多的创业者开启自己的梦想之旅，最终为整个国家的创新作出贡献。

天使投资——风险投资链条的第一环

“天使投资”一词最早源于19世纪初的美国百老汇，指富人们出资资助一些具有社会意义演出的公益行为。对于那些充满理想的演员来说，这些赞助者就像天使一样从天而降，使他们的美好理想变为现实。经过两个多世纪的发展，天使投资人们从百老汇走向了世界的各个领域。后来，天使投资被引申为一种对高风险、高收益的新兴企业的早期投资行为，相应地，这些进行投资的富人就被称为投资天使或者天使投资人。

天使投资行为是属于风险投资最早期的一种投资形式。风险投资分为广义和狭义两种：广义的风险投资泛指一切具有高风险、高潜在收益的投资；狭义的风险投资主要指私募股权投资，根据美国全美风险投资协会（NVCA）的定义，风险投资是由职业金融家利用资本投入到新兴的、迅速发展的、具有巨大竞争潜力的企业中，依靠占据其一定股权获得高收益的一种投资行为。所以，狭义的风险投资主要指创业股权投资，本书所指的风险投资特指狭义的定义。

随着风险投资的逐渐完善和环节细分，现在风险投资的整个链条当中也逐渐根据投资项目的发展阶段细分为不同的投资阶段，主要分为：天使投资、VC早期投资、PE中后期投资、Pre-IPO投资等。这几个不同的阶段就像一场接力赛跑：一家具有一定潜力和成长空间的创业企业，先是获得天使投资人的第一笔投资，这笔起始资金就像襁褓婴儿的第一桶奶粉，会将很多还处于想法、概念、技术、专利层面的东西进行实体化、市场化孵化，这是接力赛的第一棒；经过天使投资的支持、孵化一段时间后，早期投资的VC会介入，他们就像接力赛的第二棒，继续给企业注入更多资金，帮助企业做大做强，通常这个阶段不会一轮融资就结束，两到三轮都是正常的，不断新介入的VC用资本将企业的规模继续做大，使其具有一定市场优势和竞争力；当企业在自身领域已经具备明显的优势时，第三棒会开始，投资中后期的大型PE会介入，他们通常的投资额度会很大，而且目的非常明确，即运作该企业上市实现退出，通常有实力的大型PE介入后，一个企业上市的可能性就非常大了；而接力赛的最后一棒就上场了，即专门运作企业上市的投资银行就会介入，这个阶段为Pre-IPO阶段，投资银行用包销或者提供服务但要求企业的一些股权作为服务回报的形式，将企业运作上市。事实上，第四棒和第三棒的区分在现阶段越来越不明显，因为很多投资银行近几年都开始设立自己的直接投资部门，直接涉入一些IPO之前的项目投资。

企业从一个创意和概念到孵化成长、扩大、成为领头企业、最终上市，中间都离不开风险资本的支持和帮助。这些在不同阶段进入的投资方，都是通过占据企业一定比例的股权作为权益交换，主要通过企业上市以获得高额回报和收益，即通常所说的资本退出。当然也不排除上市之外的其他退出形式，比如并购或创始人向投资方回购股权等。

美国早已形成较为成熟的风险投资生态圈和链条，从规模化的天使投资群体、专业化的专注早期创业投资的VC风险投资机构，到专门做中后期企业大规模资金投入的PE机构以及投资银行。尤其在硅谷，对于以新技术创新为代表发展的产业，风险资本的介入非常完善成熟。而中国的风险投资起步较晚，虽然以美国IDG集团（International Data Group，IDG在美国主要以媒体集团业务为主）1993年进入中国为标志，但由于当时法律法规的缺失，以及国家对外资投资业务的限制等原因，风险资本真正被国人认识以及意识到它的价值还是在1998～2000年之间。2000年，新浪、搜狐、网易等互联网企业先后在美国上市，创造了张朝阳、丁磊等财富新贵，国人们才切实体会到了资本的力量和作用。

无论是天使投资、VC早期投资、中后期投资还是Pre-IPO投资，整个链条是一个环环相扣、密不可分的过程，任何一个环节的缺失都很难孕育出一家健康、有竞争力乃至伟大的企业。天使投资就是这个链条当中的第一环。

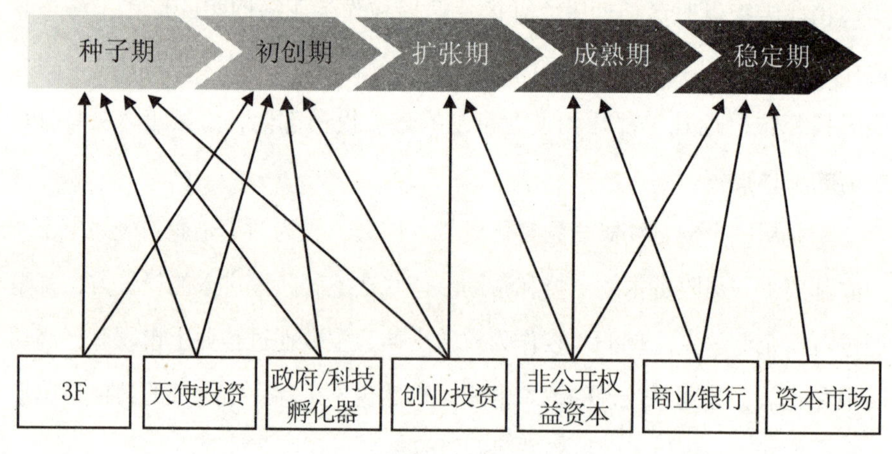

企业成长过程与融资模式关系

资料来源：清科研究中心，《2011年中国天使投资专题研究报告》。

Family，Friend，Fool——天使投资人的民间定义

对于天使投资，每个人都有不同的理解，市场上也有多种定义。美国新罕布什尔大学创业投资研究中心在20世纪80年代对其定义为："天使投资是具有一定闲置资本的个人对于种子期的具有巨大发展潜力的企业（项目）进行权益资本投资的行为。"美国天使投资协会创始人约翰·梅（John May）定义为："天使投资是一种个人的、私人的权益资本投资，天使投资家运用自己的纳税后的资金投入陌生人的企业（即：非家人和朋友所经营的企业），获取非控股的权益。"

"独特概念"、"原创"、"小型"、"初创"等这些词汇，非常直观地展现出天使投资主要投资的是"种子期"的企业，很多投资标的没有实体，有的甚至仅仅是一个概念、一纸商业计划书。对于种子期企业来说，萌芽的关键在于资本，只有资本的介入和支持才能让种子发芽、开花、长大。在这一阶段进行投资就极富挑战，天使投资人们需要凭借"稳、准、狠"的商业眼光来尽量避免高风险。

天使投资往往是以个人出资的形式协助具有技术优势、创新概念、独特商业模式的原创项目或小型初创企业，进行一次性的前期投资。以往天使投资往往是民间的、自发和分散的，近几年越来越趋向于有组织的投资行为。天使投资的主体可以分为两大类：天使投资人、天使投资机构。

通常所说的，以个人形式将闲置资本投入种子期/早期企业的富裕个人群体即为天使投资人；近年来出现的天使投资俱乐部、天使投资基金、天使投资管理公司等则可归入天使投资机构一类。

而对于"天使投资人"的定义，美国有一个"3F"的惯常说法：即Family——家人，Friend——朋友，Fool——傻瓜。即天使投资大部分都是创

业者向家人亲戚、朋友和“傻瓜”凑钱，以启动项目。随着创业产业链的成熟和发展，才逐渐出现一些职业天使投资人。

在职业天使投资人当中又分为两类：财务型天使投资人和创业型天使投资人。前者主要是因为他们看好被投企业可以为自己带来高回报，单纯追求财务收益。这类天使投资人一般通过股市、房地产或继承遗产等方式积累了丰富资产，或者是银行、金融等机构的从业者，或者律师、工程师、医生等；而创业型天使投资人大多自己就是成功的企业家，或者高层企业管理人员，他们一方面也追求投资收益，但更多是以一种创业心态从事天使投资，希望用自己的经验帮助企业发展。

美国《证券交易委员会501号条例》和《1993年证券法》D条例中明确了可以成为天使投资家的“经鉴定合格投资者”的标准：投资者必须有100万美元的净资产，至少20万美元的年收入，或者在交易中至少投入15万美元，且这项投资在投资者的财产占比不得超过20%。

在客观经济条件上，美国政府提倡只有两种人可以作为天使投资家，并有资格作为天使投资家参与政府鼓励的大使投资活动：一是个人或家庭的净资产超过100万美元（此处净资产是指个人在住房和汽车等生活必需品以外的资产），二是如果个人或家庭的净资产不足100万美元，那么，在过去的两年内，个人的年收入要超过20万美元，对于已婚的个人，夫妻年收入要超过30万美元。如今，美国的天使投资者主要由各大公司主管、退休企业家、医生等富有人士组成。

目前在中国，对于天使投资尚没有出台全国性的规范。深圳市科技和信息局于2009年2月3日出台了全国首个天使投资人备案制度——《天使投资人备案登记非行政许可审批和登记实施办法》，规定从事天使投资业务的个人资产要超过500万元人民币，而从事天使投资业务机构的注册资本金应不低于3000万元人民币，要有从事投资、企业管理或相关业务的从业经历和专业技能等。

天使投资VS创业投资

根据投资额度和投资量的大小，天使投资被分为三种：支票型天使、增值型天使和超级天使。

支票型天使指投资人相对缺乏企业经验，仅仅是出资，而且投资额较小，每个投资案约1万至2.5万美元；增值型天使是指投资人具有一定的企业运营和管理经验，并愿意参与到被投企业的运作中，将经验传授给企业，投资额也较大，约5万至25万美元；超级天使往往是具有成功经验的企业家，对新企业提供企业运营、团队管理、资本运作、人脉资源等全方位独到的支持，每个项目的投资额相对较大，多在10万美元以上。

而天使投资作为VC风险投资链条上的第一环，与成长期、中后期的投资阶段相比，有着自身的特点：

一、投资主体不同。天使投资往往是一些个人用自己的资金进行投资，钱大多来源于投资人的自有资金，投资的收益也归个人所有。虽然近年美国和中国都逐渐出现机构化的天使投资基金，但目前主要的天使投资都还是个人行为。

中后期投资的主体多为专业投资机构，资金多为投资机构向外募集而来，主要来源于金融资本、个人资本、公司资本以及养老保险基金和医疗保险基金等。这些出资方为LP（有限合伙人），LP对合伙债务承担的责任以其在合伙中的出资为限；GP（普通合伙人）则负责管理募集来的基金，进行具体项目选择评估和投资，对合伙债务承担无限连带责任。GP除了每年从基金里收取一定比例的管理费之外，还在投资获得的利润中进行分成。

二、投资对象不同。天使投资的投资对象是还处在萌芽期或种子期的初创型企业；中后期投资的企业大多已经具备一定市场竞争力、市场份额、团队规模等，已经可以看出不错的发展趋势和成长潜力，对专注做中后期风险投资的机构来说，更看重的是企业未来成长收益，比如领先的市场占有率，较高进入壁垒的商业领域，无可匹及的科研水平、成熟的团队管理经验等。

三、投资金额和所占股权比例不同。天使投资的金额一般都较小，单笔投入资金往往不到中后期风险投资的零头。一方面随着近年来风险投资产业在中国的迅速发展，风险投资基金募资额度越来越大，甚至有超过 10 亿美元的基金；另一方面中国创业企业的融资规模也逐年上升，这就导致融资金额小于 100 万美元的企业很难进入 VC 的视野；而天使投资的额度则小很多，平均个人投资金额达到 10 万美元即可被称为超级天使。

他们投资后所要求的股权比例也不相同：天使投资通常一般占比在20%左右，除非有特殊情况，比如天使投资人要投入较多资金和资源，其占股比例可以占到30%，但最高的极限不会超过40%，像美国著名的天使投资机构Y Combinator要求持有被投企业6%的股份；中后期投资VC一般要求第一轮融资时所占股份在20%～40%，有时经过多轮融资后，VC机构总计持有的股份甚至会超过创始人团队。

四、投资范围和领域不同。天使投资的范围主要是自己的熟人、亲戚、朋友，像雷军和何伯权等人的“不熟不投”原则也道出了天使投资范围和领域的三个特点：一是投资的对象多为自己的熟人或朋友，二是投资的范围多为自己比较熟悉的领域和产业，三是更倾向于投资与自己所在地域关联性较大的区域，方便对被投企业进行监督和管理。中后期风险投资的项目比较广泛，只要是具有一定成长潜力的项目，不论是IT产业、新能源、农业等领域，都可以投资，而且项目可以分布在不同地区甚至不同国家。

五、审查程序不同。天使投资由于处在企业最早的种子期，没有太多财务数字可以审查，因此审查程序和内容简单得多，一般以约谈和评估商业计划书方式进行，往往创始人比较靠谱，想法比较有创新，天使投资人经过评估愿意冒这个风险，双方的投资意向就达成了；中后期风险投资要考察企业的方方面面，例如市场份额、商业模式、用户规模、技术优势、成本控制、成长性、过去几年的财务报表收益情况、团队背景等，风险投资机构也会从投资经理开始海选抓项目，到投资总监过滤筛选，再到合伙人筛选决议等流程。业内有个说法是：VC所看的1000个的项目，平均只有10%能通过初筛，有机会和风险投资人面对面交流，而选中的100家企业又只有5家能获得VC的项目表格，最终一般只有2家能通过终审、获得投资。

通过上述的比较，我们可以看出天使投资的四个主要特点：

1. 天使投资金额较小。根据美国全美风险投资协会的数据显示，2010年美国共有3277个项目获得218亿美元投资，平均每个项目融资665.24万美元。美国新罕布什尔大学创业投资研究中心发布的《2010年美国天使投资市场》研究报告显示，2010年天使投资市场投资规模达201亿美元，有61900家创业企业获得投资，平均每个项目融资额32.47万美元。VC平均在每个项目上的投资额是天使投资的20.49倍。

2. 投资期限偏早。根据清科集团《2011年中国天使投资专题研究报告》显示：2011年上半年，中国创业投资市场中后期的扩张与成熟期的投资占到73.4%，而天使投资占比很小，同时投资期限为从创业开始到创业后的10个月左右。

3. 投资风险偏高。天使投资通常投资于种子期和早期企业，由于企业技术还不成熟，产品没有得到市场认可，仍处于尝试阶段，存在诸多不确定性因素。在这一阶段，相比VC投资，投资者承担着更高的风险。当然，高风险也意味着潜在的高收益。

4. 投资决策快。创业投资对企业的审查很严格，在产生投资意向后，会进行详细的商业、财务及法律尽职调查；天使投资对企业审查并不复杂，更多的是基于天使投资人的主观判断或喜好而定，能够迅速作出投资决策。

天使投资与创业投资的区别总结

区别点	天使投资	创业投资
投资依据	多依据投资者自身专业背景、经验进行判断	具有详细的评估和尽职调查方式
投资规模	单笔投资规模偏小，多在100万元人民币以下	单笔投资规模大
投资轮次	一次投资，往往缺乏后续资金投入	多轮投资，往往有后续资金投入
投资阶段	种子期、初创期	主要集中于扩张期和成熟期
投资对象	具有较好增长潜力的小型项目	项目规模相对较大，商业模式比较成熟
投资风险	相对较大	相对较小
投资协议	很少规定惩罚性承诺条款，协议较简单、灵活	有正式的合同协议，往往附加各种风险控制条款
退出方式	并购和股权转让为主，一般较少参与IPO	IPO为退出战略首选

注：根据清科研究中心《2011年中国天使投资专题研究报告》整理。

天使投资在美国

“天使投资”这个词来源于美国，最早的发展也是在美国。

在美国最早的风险投资历史中，我们可以看到亚历山大·贝尔（Alexander Bell）的名字，发明了电话的贝尔最初希望从银行获得启动资金，但是银行认为他的想法过于粗犷和大胆，风险过于不确定，拒绝提供贷款。1874年，波士顿的一位律师和一位皮货商资助了贝尔，他凭借这笔资金建立了世界上第一家电话公司。现在已无从考证这是否是世界上第一笔天使投资，但无疑是天使投资的雏形。

19世纪末的美国已经成为第一工业强国，工业企业以及配套的服务产业开始如雨后春笋般涌现，工业化的急速发展引发了对资本的巨大渴求。1836年，“华尔街”开始纽约证券市场的代名词，那里开始聚集一些专门以资本投资为生的大金融机构，但它们“嫌贫爱富”，新生企业无法获得它们的青睐。一些民间的自由投资者及非正式投资机构开始对原创项目或小型初创企业进行早期投资，同时美国政府为了鼓励创新与就业，也出台了一系列政策扶植天使投资及鼓励创业公司的发展：美国各个州对于天使投资都有一些税收抵免的政策，根据该政策，投资人将不用缴纳任何资本利得税。

比如美国肯塔基州1998年通过的《肯塔基投资基金法》就有明确的针对天使投资人的税收抵免优惠规定；明尼苏达州从2010年开始减免总部位于该州的投资于小型企业的特定投资人25%的税收；夏威夷州、堪萨斯州等也都有类似规定；同时在加州对专利注册、就业等方面予以创业公司倾斜政策。

1996年10月，美国联邦政府的小企业局创立了网络服务中介（ACE-Net），全称为“天使资本电子网络”或“天使投资网”，在这一平台上，资金缺口在50万至500万美元的小企业可以公布它们的商业计划书，让投资者直接和创业者沟通、交流。

这些政策支持使得美国早期创业和配套的天使投资体系得以迅速发展，天使投资成为早期创业和创新的主要支柱。根据美国小企业局比较保守的估计，美国的天使投资人约有25万，每人平均投资额为80万美元，每年投资额达到100亿至200亿美元，投资企业达30000个，约为机构投资数量的20～50倍。

据美国天使投资协会的统计，从1996年开始，由天使投资人投资的创业企业的数量以每年35%的速率增长，目前天使投资能够占风险投资总体盘子的40%～50%；美国每年发生的70多万笔投资交易和560亿美元交易额中，天使投资约占300亿美元。

根据普华永道的统计报告，2008年，美国的后期风险投资共投入了280多亿美元，资助了3700个投资项目。新罕布什尔大学创业研究中心《2010年美国天使投资市场》研究报告显示：2010年美国天使投资市场投资规模达201亿美元，较2009年增长了14%。有61900家创业企业在2010年获得天使投资，较2009年增长8.2%，活跃的天使投资者达265400人，比2009年增长了2.3%。

美国部分州对天使投资的税收鼓励政策一览

地方	政策名称	内容
夏威夷州	第（221）高科技企业投资优惠法案（2001年）	若天使投资人投资于政府认可的高科技企业，天使投资人的税收抵免可达投资额100%，每个被投企业每年最高税收抵免额不高于200万美元，对于每个天使投资人每年的总投资额的税收抵免没有最高限额
堪萨斯州	堪萨斯州天使投资者税收法案（2005年）	若天使投资人投资于政府认可的高科技企业，其每年每个企业的投资额中一半由州政府负担（税收抵免）
威斯康星州	（第225）天使投资者税收抵免法案（2005年）	若天使投资人所投企业为政府认可的高科技领域，尤其是生物工程方面的高科技企业或传统行业的高增长企业，可以获得投资额25%的税收抵免，每项投资最高税收抵免额为12.5万美元
肯塔基州	肯塔基投资基金法（1998年）	政府给予个人和种子期/早期基金以税收抵免优惠，但只有这些天使投资人或早期风险投资基金得到政府的投资资格确认，且企业的种子期/早期投资必须通过建立种子基金或专门投资于早期的风险投资基金完成，每只基金在整个运营期间可获得高达800万美元的政府税收抵免优惠

注：根据清科研究中心《2011年中国天使投资专题研究报告》整理。

近几年，美国天使投资已经普遍开始采用天使投资联盟的方式进行运作，目前美国大约有150个正式的天使俱乐部，有超过300家天使团队遍布各州，其中有半数以上的天使团体联合起来，成立了天使投资协会。天使投资和VC之间已经形成了良好的产业链关系，来促进相互之间的信息交换，也促进天使投资相关政策的发展。

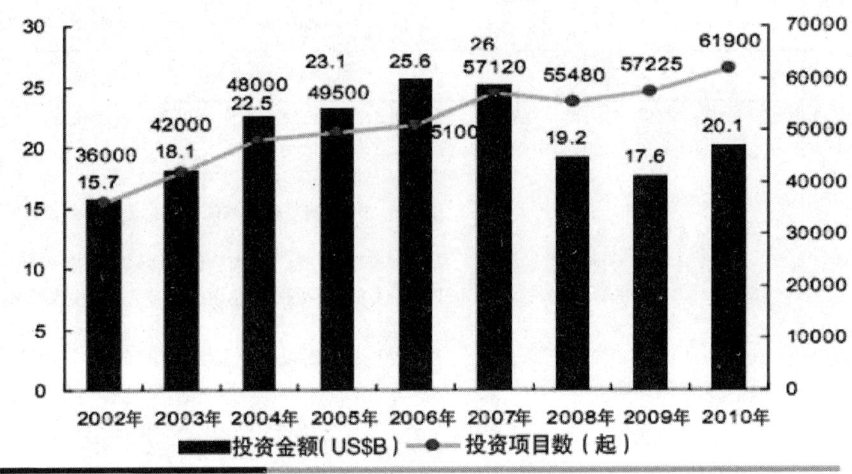

2002～2010年美国天使投资发展情况

资料来源：风险研究中心（2011年10月）。

“最佳天使机遇”来了——天使投资在中国

中国的天使投资自“出生”的那一刻便有着自身的特色。美国的天使投资源于市场的需求和自发的投资行为，中国的天使投资则由于政府的帮扶政策而出现，最早起源于1986年开始实施的“863计划”及1988年开始实施的“火炬计划”，这两者是由政府主导的鼓励投资于种子期的企业或项目的投资计划。

政府的推动促成了中国天使投资的起步，而真正快速发展则要等到互联网、高新科技企业的兴起和国外创业投资机构的进入。

1989年11月，美国IDG集团在北京进行了第一个试验项目的风险投资，在此基础上，天使投资于1993年开始大规模进入中国市场，先后在北京、上海、广东、天津、深圳等地设立了风险投资管理公司，并进行了一系列投资额在几十万元到一两百万元之间的小规模初期项目投资。之后在1996年，罗伯特和尼葛洛庞帝作为天使投资人，向张朝阳投资20万美元，发展成了后来的搜狐。2000年美国硅谷的互联网泡沫破灭，投资机构开始更多关注中国和印度市场科技领域的投资机会，逐渐有多家VC进入中国。2004年后，外币基金和风险投资机构爆发性集中进入中国。与此同时，相关法律法规也逐步完善：北京2000年12月通过的《中关村科技园条例》首次在国内立法中确定了风险投资可以采取有限合伙的形式，2005年出台了《创业投资企业管理暂行办法》，2007年出台了《合伙企业法》。此后，人民币基金在2008年成为热点，2009年国内终于推出了创业板市场。过去15年中，风险投资在中国获得了很大发展，天使投资也初露端倪。

IDG并不能算做严格意义上的天使投资，这家公司在美国是一家媒体出版集团，进入中国后已投资了多家媒体，比如《计算机世界》集团、《时尚》集团等，并开始逐渐辐射互联网、新媒体等多个领域。而且，由于早期进入中国的风险投资机构多为财务投资者，更在乎企业的赢利规模和快速回报，而天使投资回报周期较长，一般需要8～10年，风险较高，所以早期中国大部分的投资者都希望短平快地获得收益。作为创业风险投资的第一环——天使投资，在中国的发展一直滞后和严重匮乏。中国的风险投资链条出现了奇怪的后端集中化现象，即大量的资本和投资机构都往中后期阶段拥挤，并且有明显的VC机构PE化现象。

据清科集团提供的数据，2008年上半年，中后期风险投资共募集资金493.02亿美元，比2007年同期增长190%，有348家企业获得了中后期风险投资，投资总额达73.83亿美元，比2007年同期增长50%。而从2006年的数据来看，国内天使投资的规模大约仅在5亿至10亿元之间。

随着政府的引导和中后端风险资本的集中聚集，前端天使投资链条开始逐渐有个人和机构进入：一批拥有大量闲置资本的富裕阶层开始加入天使投资人的行列成为独立天使，特别是在浙江、江苏和广东等省份，民营企业家和富足的私有业主也开始变身成为“天使”、涉足早期项目投资，这些成功的民营企业家正逐渐成为天使投资的主力军，越来越多的银行家、文体明星、律师、大公司高管加入天使投资行列。

许多地方开始成立天使投资基金会、天使投资协会、天使投资联盟、天使投资俱乐部等，专门从事天使投资的基金等也开始出现，比如泰山天使、朱敏创办的赛伯乐天使投资等，一些由独立天使自发或半官方组织的天使投资机构包括中关村天使投资联盟、深圳天使投资俱乐部、超级天使投资网、亚杰商会天使团、K4论坛北京分会等都逐渐活跃。

专注早期项目投资和孵化的孵化器机构也开始迅速发展，比如2009年由前谷歌中国区总裁李开复创办成立的创新工场，成为中国天使投资发展历史上的一个重要标志，该机构专注于早期创业项目的投资和孵化，为创业者提供了一个全方位的创业平台，通过向早期创业者提供需求的资金、商业、技术、市场、人力、法律、培训等服务，同时它还孵化、帮助创业者开创具有市场价值和商业潜力的产品。截至2011年9月，创新工场已经从2500多个项目中成功孵化了39个项目，投资金额逾2.5亿元，投资企业总估值已接近30亿元。除了创新工场，北京中关村国际孵化器有限公司、中国加速、联想控股旗下的联想之星孵化器等都是国内典型的创业孵化器。

这些天使投资的俱乐部、团体、孵化器在发挥集群效应、推动天使投资规模化发展方面起到了重要作用，中国目前的天使投资生态逐渐出现三种形态并存发展的状态：即独立天使、政府基金和天使投资机构三种。

目前独立天使是中国天使投资的主力军，主要有TMT领域成功的企业家、海外华人、民间传统领域成功人士等；政府基金在政策引导和投资领域拓宽方面，弥补了民间天使投资的空白，对于民间天使投资较少涉及的非TMT行业，政府基金起到了扶持作用，比如2006年成立的我国第一只天使投资基金——天津滨海天使创业投资基金，就将投资重点放在生物医药、新材料、精细化工、新能源等领域；此外，各大部委支持创新创业的基金、地方各级政府的相关配套基金，以及政府专项基金，各大园区内设的一些创投基金，都充当了天使投资角色，在中国占较大份额。

2011年，薛蛮子、李开复、杨向阳、雷军、徐小平、曾李青、何伯权、季琦、吕谭平、蔡文胜、包凡、倪振东这12人宣布共同成立天使会，之前相对松散的天使投资个人开始自发组织和固定进行相关活动。何伯权早在2003年成立广东今日投资，2011年新东方联合创始人徐小平也创办了天使投资基金——真格基金，同年在上海的袁岳、季琦等发起成立了天使投资组织飞马旅，这些均是目前国内较为活跃的天使投资机构。但因为天使投资的概念近几年才在国内逐渐为人所知，这些天使投资机构和组织还未形成一个完整的团体，其机构化的路程还处于初级阶段，中国天使投资的整体规模还处于发展初期，投资量也较小。

也正是因为天使投资在中国才刚刚开始“热”起来，创新工场创始人李开复认为，现在对中国而言正是“最佳天使机遇”。一是现在创业的成本越来越低：开源软件让创业者不必什么都自己写，可以站在巨人的肩膀上，有了Amazon Compute Elastic Cloud（云计算）降低了租赁服务器和带宽的费用；有了App Store网上商店，创业者省下了市场销售费用，服务放到网上就可以赚钱；过去一个软件公司达到A轮融资可能要上千万美元，但是现在有些公司花百万美元就可以了。二是现在互联网巨头市值倍增，同时整个产业链的产品开发速度竞争加速剧烈，时间就是金钱，所以很多互联网公司愿意花较高的金额来收购尚未赢利、尚未有收入甚至尚未推出产品的公司，比如Google在2010年就收购了26家公司，且大部分都是在1000万至1亿美元之间的未上市公司。低廉的创业成本，加上丰厚迅速的退出机会，带来有史以来最好的天使投资环境。

参考文献：

1.清科研究中心：《2011中国天使投资专题研究报告》。

2.许谢璇：《天使投资的国际投资概况和发展现状及预期》。

3.王红：《天使投资在中国的发展探索》，《企业管理》杂志。

天使投资“生物链”——基本运作模式

像天使投资人薛蛮子投资的大部分项目，既没有复杂的尽职调查，也没有烦琐的投资意向法律意见书。他在投资圈里有一个著名的“小黑本”，每投一个项目就在上面记一下，“呵呵，要是薛老的小黑本哪一天丢了那麻烦可就大了”，天使投资人雷军还这样调侃他。徐小平、蔡文胜等天使投资人也如此，往往双方谈好条件，第二天、甚至当天就把钱打到对方账上了，没有烦琐的过程。

天使投资属于风险投资的一环，所以其资本运作过程也与之相似，可分为七个步骤：项目搜寻、项目筛选、项目估值、尽职调查、签订投资意向书、投后管理和资本退出。

由于大部分天使投资项目都为独立的天使投资人个人进行，所投资的项目非常早期，而且所投的对象往往是自己的熟人、朋友，所以在项目搜寻筛选、尽职调查、合同条款约定等方面都比较简单，不需要像中后期的风险投资那样有复杂的过程。

像天使投资人薛蛮子投资的大部分项目，既没有复杂的尽职调查，也没有烦琐的投资意向法律意见书。他在投资圈里有一个著名的“小黑本”，每投一个项目就在上面记一下，“呵呵，要是薛老的小黑本哪一天丢了那麻烦可就大了”，天使投资人雷军还这样调侃他。徐小平、蔡文胜等天使投资人也如此，往往双方谈好条件，第二天、甚至当天就把钱打到对方账上了，没有烦琐的过程。

同样对于风险投资双方都最关心的股份比例问题，天使投资也不会像中后期投资那样对公司先进行全面估值（有形资产、无形资产、未来成长价值等），而是双方差不多预估一下公司未来的成长和规模，大致一折算就约定了股份比例。

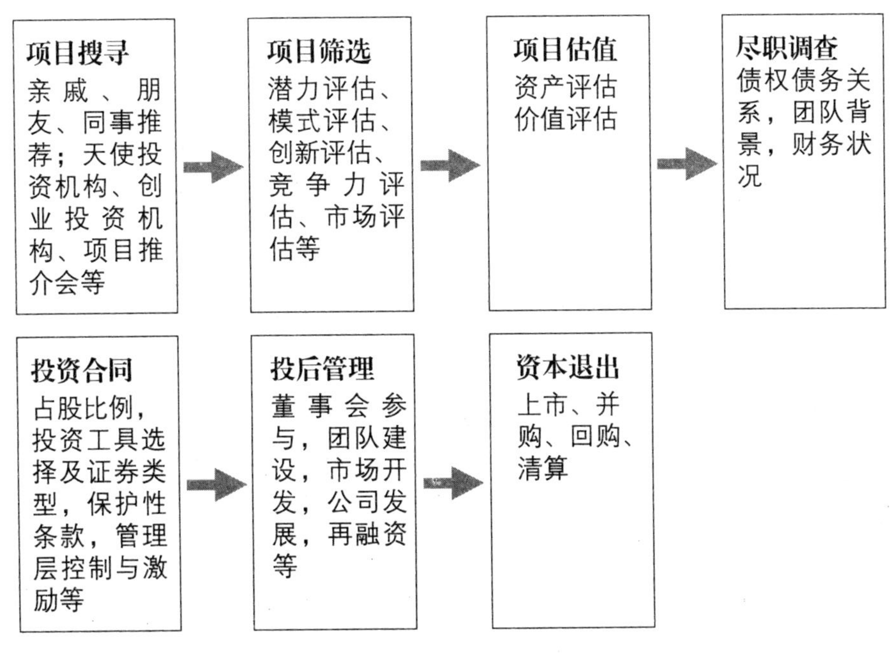

天使投资的七个步骤

项目搜寻：熟人介绍最靠谱

对于个体天使投资人来说，要找到适合自己投资的项目存在困难，毕竟个人精力有限，不可能像机构投资者那样有专门的投资团队广泛搜寻项目。大多数天使投资人都是通过可信任的个人关系网络，或者各种第三方的创业、投资服务组织寻找项目，项目来源主要有五类：

一、亲人或朋友推荐：这是最原始的也是最普遍和成本最低廉的一种方式，对于经验丰富、具有很广泛私人关系网的天使投资人来说，这种方法不仅成功率高、成本低，而且天使投资人往往相当于半个创业者，某种程度上天使投资人与创业者就是“Partner”（合伙人），通过熟人介绍推荐的项目有助于创业者取得天使投资人的信任，使双方建立良好的合作基础。

二、由于职业关系产生的项目源：很多天使投资人是金融服务律师、注册会计师、金融机构工作者、大公司高管等，他们在职业工作当中会接触到很多项目源。对职业天使投资人来说，他们在进行投资项目的评估、投资决策、签订投资协议、进行投资监控、实现退出的过程中，也需要和会计师、律师、审计师、咨询师及经纪人等打交道，一些优质项目就会在此过程中与天使投资人产生关系，创业者也可能通过这些群体找到天使投资人。

三、项目推荐会或相关会议：许多提供投融资服务或创业服务的中介机构、行业媒体、大学都会定期举行各种各样的项目推荐会、专业研讨会、商业竞赛、行业论坛、创业大赛等，投资者和优秀创业者可以通过这样的平台进行当面交流，从而产生投融资意向。比如像国内知名的投融资咨询机构清科集团每年几次的创业论坛、清华大学的创业大赛、蓝海创投俱乐部定期举行的项目展示会等。

四、天使投资俱乐部及团体间的相互交流产生项目：国内各种类型的天使投资联盟、天使俱乐部、天使投资协会等组织，往往能够提供很多创业信息，会员之间也会互相交流项目资源。现在很多投资俱乐部都有自己的网站和社区，吸引创业者和天使投资人在这个平台上互相交流，从中发现有潜力的投资项目。

五、第三方创业及投融资咨询服务机构推荐：第三方机构经常会收到很多商业计划书，也会通过自己的渠道获取项目信息，有的项目很有潜力，但仍属于种子期或创始期，不适合中后期的风险投资，就会把这些项目推荐给个体的天使投资人或者天使投资机构。

现在，由创业者群体自发发起的创业投资沙龙和活动也开始出现，例如北京中关村海淀区的车库咖啡，会定期举行各种创业沙龙和讲座，已经成为创业者定期聚会和投资人交流项目的场所。

在上述五种寻找项目的方式中，普遍被天使投资人认可的仍然是“通过熟人介绍”，所以对于有创业打算并且希望找到天使投资的创业者来说，先和国内主流的天使投资人或天使投资机构负责人认识或间接产生联系是最有效的方式。

项目筛选：一般不熟不投

通常天使投资对于项目的筛选会经过初步筛选和潜力评估。

天使投资人一般会考虑这样几个重要因素：项目所处行业、所在地理位置、投资规模、创业团队等。

对于一般的财务型天使投资人，只要他们认为项目具有独特性和竞争力，未来能带来较高财务回报，便会将其纳入投资考虑范围。而对于创业型天使投资人，他们往往仅投资自己熟悉的领域和行业，越来越多的天使投资人只专注于自己擅长的某一个细分领域，比如杨向阳只做生物医药领域，李开复及其创新工场专注于TMT领域，何伯权只做消费领域等。

天使投资人也会考评项目的地理位置，由于大部分天使投资都是个体行为，时间精力有限，需要考虑到投资后与企业管理团队的交流方便。不过随着交通、通讯网络的发展，投资人对位置的考评不再是主要问题，像大本营在福建的蔡文胜就会定期飞到北京，与自己投资的团队待几天，长期驻扎在深圳的曾李青也会定期到北京，与自己投资的网游团队开会。

天使投资人往往还会考评投资项目的投资额度和规模，因为天使投资大部分周期很长，风险很高，雷军、薛蛮子、徐小平、何伯权等天使投资人的观点都是“拿自己可以输得起的钱”出来做天使投资，即“这笔投资就算亏了也不会心疼”，因此很多投资人会根据自有资金规模确定每个项目的投资金额上下限。如果企业所需融资额太大，超过天使投资人的预期限额，则很难通过筛选。比如在美国就有“500万美元上限法”的说法：即绝对不要投资一家估值超过500万美元的初创企业。由于天使投资人投资时的企业价值与退出时的企业价值之间的差距，决定了他们的潜在获利空间，当退出时的企业价值一定的情况下，初始投资时的企业定价越高，天使投资人的收益就越低。

另外，因为天使投资阶段的企业几乎没有成形，经常只是一个想法和概念，所以在作项目筛选时，天使投资人会仔细考评项目的发展潜力：包括市场空间是否较大，是否有领先的技术，产品或服务是否具备独特竞争优势，商业模式，国外是否有已经成功案例但国内尚属空白，战略是否切实可行等。

最后，几乎所有的天使投资人谈到项目筛选时，都认为最重要的因素是考评创业团队，因为天使投资周期很长而且几乎是“押宝”和“赌博”，因此即使有好的想法和商业模式，但如果创业者的人品、素质和执行力等方面不行，天使投资人也不会投资。“有好项目没有好的创业者，我们宁可不投。相反，项目和商业模式可能不够好，但创业者讲诚信，素质高和能力强，具有自我调整和变通能力，企业也能成功，我们也会考虑投。”薛蛮子、徐小平、雷军等人都表示过这样的观点。

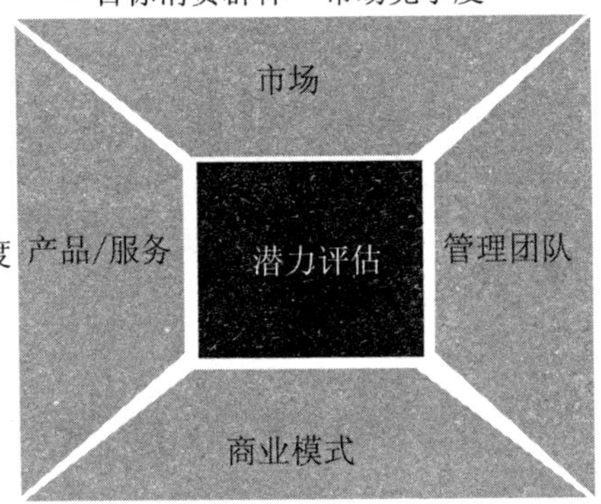

项目发展潜力评估四维图

资料来源：清科研究中心，《2011 年中国天使投资专题研究报告》。

项目估值：企业值多少钱

风险投资对企业的估值是非常重要的环节之一，因为企业的估值涉及投资金额与所占股份比例。创业者和投资人可以委托第三方机构对企业进行初步估值，较为复杂，涉及对企业的有形资产、无形资产、未来成长性及潜在资产等方面的价值评估。天使投资对被投项目的评估分为：投资前估值、投资后估值（投资前估值+投资额），常见的估值方法有六种：

一、“三分之一法则”估值法：即在对企业价值进行评估时，将企业的价值分成三部分：创业者、管理层和投资者各1/3，将三者加起来即得到企业价值，天使投资一般占被投企业股份的30%，往往在20%～40%，但在实际中取决于投资人与被投企业之间的谈判。

二、乘数模式估值：一般以一个行业通用的数字乘以被评估企业的销售额或净利润。举例说明，假设B2C行业的乘数为3，一个初创企业的销售收入为300万元，那么乘数模式给予该企业的估值为900万元。如果是零售行业，投资人往往还要考虑企业现有的存货。

三、风险投资模式：首先假定投资是一次发生的，没有稀释情况产生；其次假定投资人要求的投资回报率、退出时间、退出时该企业的净收益、该行业的市盈率。根据假定条件计算出该企业未来市值，把对企业投资额换算成退出时未来市值，即可计算出投资额对该企业投资后的估值比率。

四、博卡斯法：该方法由美国人博卡斯首创，即将企业管理团队、市场、产品、销售额等诸多因素列入评估考察对象，针对不同考察维度有不同估值，最后据以计算估值总额，举例说明其典型做法：一个好的创意——100万元，一个好的赢利模式——100万元，优秀的管理团队——100万至200万元，优秀的董事会——100万元，巨大的产品前景——100万元……加起来，一家初创企业的价值为100万至600万元。这种方法的好处是将初创企业的价值与各种无形资产的联系清楚展现出来，比较简单易行，估值一般比较合理。

五、市盈率法：市盈率指在一个考察期（通常为12个月）内，股票的价格和每股收益的比例。在预测初创企业未来收益的基础上，可参考同行业或同类型已上市公司确定一定的市盈率来评估初创企业的价值，从而确定投资额。

六、现金流贴现法：根据企业未来的现金流、收益率等指标，算出企业的现值作为企业的评估价值。该方法考虑了时间与风险因素，但对于较晚才会产生正现金流的企业来说不够客观。

还有其他一些估值方法，但在实践中，天使投资阶段的估值最重要的还是投资人和创业者双方的感觉和谈判，最后的结论通常比较主观，正因为如此，天使投资多围绕朋友或熟人进行。

尽职调查：投资人对目标项目的全面背景调查

在风险投资过程中，企业通过筛选和评估后，双方会签订一个简单的投资意向书，一般设有一定锁定期，要求创业者在锁定期内不能再和其他人谈投资问题。签完投资意向书后投资人将会对投资目标项目作全面尽职调查（Due diligence，DD），这是投资人对商业机会和创业者的各个方面进行深入背景调查的过程，主要包含四部分内容：财务信息调查（Financial Due Diligence，FDD）、法律信息调查（Legal Due Diligence，LDD）、业务信息调查（Business Due Diligence，BDD）、人的信息调查（People Due Diligence，PDD），包括评估创业者对市场的了解、公司的技术、客户，评估创业者提高销售额、管理公司和开发产品的能力，评价创业者是否正直、诚信以及是否具有创业激情，评估公司的创业目标，同时还包括研究市场、公司的商业模式、战略以及发展阶段，分析公司的财务状况和财务目标、估值、资本需求以及退出战略。

具体到天使投资阶段，很多项目还没有上述成形的资料和基础，所以天使投资人进行的尽职调查的内容和所花费的时间一般会很少，基本都是通过朋友或介绍人了解一下创业者的情况和经历，依据经验作出判断。当然，也会有一部分天使投资人会聘请专业的财务法律机构对企业进行商业和法律尽职调查。

投资合同谈判与签订："重中之重"的环节

经过项目筛选和尽职调查后，投资人将与企业进行投资条款谈判，双方谈判认可的条款将会以投资合同的形式确定，这是整个投资运作机制中最重要的一个步骤，对于保护双方的权益都具有至关重要的作用，经常会经过多轮讨价还价。谈判主要针对以下五类条款进行：

一、投资工具的选择和投资证券类型：投资人投入资金后是用普通股形式，可转换优先股形式抑或是可转换债券对企业实施风险控制，天使投资人往往要求持有可转债和附加多项权利的优先股，以防止企业运作失败而造成清算的风险，如果选择普通股，通常会在普通股中加入其他条款，比如否定权和优先清算权。

二、占股比例约定：因为天使投资风险较高，如果是同样的投资金额和中后期阶段投资相比，天使投资所获取的股权比例会更高一些。一方面是天使投资人以此作为控制早期进入的风险；另一方面也是由于项目在最早期吸引资金的难度更大。在所有权比例较低的情况下，天使投资人会通过合约性控制，比如要求进入董事会和规定董事会席位等对企业进行控制。

三、保护性条款谈判：由于天使投资进入阶段早，在后续几轮资本再进入时会使得天使投资人的股份被稀释，为保障投资权益。天使投资人通常会制定反稀释条款来保护自身权益。同时，对于公司出售、股份发行等也会设立相应保护性条款保证天使投资人的利益。

四、管理层控制和激励约定：投资人和创业者双方为防止道德风险，会约定一些常规及可能出现的情况下双方的权利义务内容。在控制条款设计上，主要采用了管理人员雇佣合同，包含了竞业禁止、知识产权所有权、保密等条款；激励条款设计上，天使投资人通过持有可转换优先股对持普通股的管理层进行约束激励，并使用期权对经理人员进行激励，同时约定当重大经营目标实现时，提高管理团队的权益所有权比例。

一些投资人还会和创业者约定"里程碑"式的对赌条款：约定企业达到什么样的阶段、实现什么样的目标时，则给创业者或管理层一定奖励；如达不到目标将有相应惩罚性条款，如设定企业以低价卖给投资人更多股权，或要求企业从投资人那里赎回股票。很多天使投资人都反对签署对赌协议，像吕谭平、何伯权等认为这是对双方的伤害，不是双赢而是双输，如果没有信任宁可不投资。

五、退出机制约定：风险投资的本质就是投资人通过资本投资最后退出获得高额回报的一个过程，因此投资人通常把企业退出渠道的设计看得至关重要。目前，天使投资越来越多地规定赎回权等清算条款，作为对其投资保护的手段，在投资合同谈判时，达成对清算和退出的共同协议。

上述列出的谈判条款只是一个大概框架，在具体投资过程中，根据项目的不同，投资人和创业者之间需要谈判确定的内容也不同，还有一些具体的条款内容，比如董事会构成、再投资优先权、投票权、清算时投资方和创业者的权利优先顺序、交割条件、相应融资费用安排等。如果有专业的第三方投融资服务律师介入，是比较稳妥的做法。

投资后管理：天使投资人是企业的保姆和农夫

和早期天使投资相比，中后期的风险投资更多，是纯粹的财务投资人。投资后除了定期参加董事会外，较少参与企业的经营管理和具体业务发展。而天使投资人更像企业的保姆和农夫，不但提供启动资金，更多的是将自己的经验、人脉、资源等贡献给企业，参与企业的具体运营和业务管理，例如雷军、何伯权、曾李青、蔡文胜等都是类似的投资人。

依个人情况不同，天使投资人在投资后对项目的管理上有自己的特殊性。有的天使投资人要求一席董事会席位，有的要求更大程度地参与公司运作，有的则要求企业定期向投资人进行汇报，主要的管理方式和内容可分为以下几类：

一、参与董事会：风险投资机构通常将董事会席位作为减少委托代理成本、控制风险的一种必要制度安排。而由于很多初创企业还未建立董事会，因此天使投资人很少把董事会席位作为控制企业的必要手段。

二、参与市场开发及具体业务发展：很多天使投资人要么具备很强的技术背景，要么具备丰富的市场开发经验或多年商业实践积累及资源，能够在市场开发和具体业务发展方面给予被投企业很多帮助。

三、企业发展战略制定及方向辅助：创业型天使投资人都是成功的企业家或出色的管理者，对市场的判断力和敏锐度都非常强，一般进入董事会或作为公司顾问，会参与帮助制定公司发展战略及业务方向，设计公司期权和激励计划，制定长期发展战略。

四、团队搭建帮助：初创企业大多没有完整的团队，在团队搭建和人员组成上，很多天使投资人都会帮忙，比如重要岗位的招聘、辅导管理人员、对团队进行培训等。

五、再融资帮助：在企业发展到一定阶段，天使投资的资金规模往往不足以支撑企业进一步扩张，需要新的资本进入，天使投资人可以利用人脉资源帮助被投企业再融资。

每个天使投资人参与企业管理的程度并不相同，像薛蛮子、徐小平等，投入资金后基本很少过问企业的具体业务；而像雷军、何伯权、曾李青、蔡文胜等自身有过创业经验的天使投资人，会更加深入地参与到被投企业当中，甚至很多项目最初都是投资人自己想到的点子，然后找来合作伙伴一起操作运行，某种程度上算半个创业者。

资本退出：评判投资成功与否的最重要标准

投资最终都是为了获得回报，如何成功退出是投资方最关心的事情之一，也是评判投资人成功与否、投资业绩好坏、投资水平高低的最重要标准。

通常，成功的退出方式包括IPO（上市）、财务性并购、战略性并购、管理层回购；失败的退出方式则是对被投企业的清算。

IPO是风险投资人和创业者最希望达到的退出方式，由于二级市场的杠杆作用，公司一旦上市，价值将会得到巨大提升，投资者和创业者手中所持有的企业股票都可以获得爆炸性的增值，一旦抛出即可获得高额的资本收益；对于创业者来说，IPO的优势不仅是股票增值，更重要的是可以表明资本市场对企业良好经营业绩的认可，并获得持续融资的通道。

但对于天使投资来说，因为投资金额通常较小，基本无法从头到尾支撑起一个企业从创立到最后退出的全过程，中间往往会有风险资本的介入，天使投资人在此过程中可能会减少自己的持股；同时由于各国证券法往往对上市公司的发起人所持股份的转让有一定的时间和条件限制，无法实现短期内的一次性退出，并且上市后需要遵循严格的信息披露制度，这些因素都造成了对天使投资人来说很难或者不愿意等到最后上市实现退出的目的。因此以上市的方式实现退出的天使投资案例在数量上并不多，不是主要的退出方式。

并购，即将企业卖给有实力的大公司，也是风险资本退出的另一种常见方式。如果企业的发展规模和业绩达到公开上市的条件和资本市场的认可，或者天使投资人不愿意接受IPO的种种烦琐手续和信息披露制度的约束，则可以采用并购的方式实现退出，将企业以双方都能接受的价格卖给某个已上市的大公司，这种方式不仅可以省去IPO的种种烦琐手续，还可以一次性实现所有股权的转让，同时也能获得相当高的收益，是目前天使投资最主要的退出途径。

通常收购方一般都是专业的创业投资机构或是相关行业里发展较好的公司，并购的目的一般是为了扩大自己的市场份额、完善业务布局、增加企业竞争力等。像Google收购YouTube、盛大收购酷6、百度收购去哪儿、千橡集团收购56等，都以这种方式实现退出。

回购即由创业者将投资人手中的股权买回，也是风险投资退出时一种较常见的方式。在投资期限届满之后，由被投资企业购回天使投资人所持有的公司股权，尽管在收益上无法跟上市相比，但由于简单快捷、风险较低，一方面让天使投资人的投资收益可以得到回报，另一方面创业者在公司进入正常发展阶段和一定规模后，如果想拿回对公司的主导权和控制权，可以通过这种方式来实现，因此回购受到了双方的欢迎，近年来发展很快。

最后一种退出方式是在企业运营和经营情况不善、难以继续发展的情况下，根据《公司法》进行破产清算（Write-Off）的方式。一旦选择破产清算，天使投资人和创业者都将承受较大的损失乃至血本无归，是一种长痛不如短痛的解决方式。由于创业的高风险性，虽然天使投资人并不情愿，但这也是经常出现的一种退出方式。

追求财富，但更追求梦想
——被照亮的人生因此不同

终于付梓完稿了。早在2007年我参与完成《你拿什么吸引我——创业者必知的风险投资规则》一书后，就一直构想再独立完成一本面向创业者的风险投资著作，而这个梦想一搁置就是几年。

后来离开媒体转型进入企业，现在自己某种程度也开始参与创业，更加感受到创业者的不易和孤独。而这时，开复老师给我电话告诉我他和薛蛮子、雷军、徐小平等12位超级天使成立"天使会"，想构思出版一本"天使投资"相关的书籍，我知道，实现自己几年前未竟的梦想时候到了，于是我有幸成为执笔著者。

虽然大部分的素材和内容早在几年前在心里和脑海就已经完成，但再一次近距离和他们面对面时，我仍然一次次感受到了新的澎湃和激情，和12位"超级天使"交流时，我听到的最多的一个词是：梦想。

徐小平说：做天使投资是实现自己继新东

方之后的另一个青春梦想；季琦说：今天是最好的“中国梦”的开始；李开复说：跟随我心，用自己的付出成就青年人成功的梦想；杨向阳说：希望天使投资圆“中国制造”向“中国创造”的梦……

我不由得追问自己：还记得自己的梦想吗？小时候就在“我的理想”主题班会上发过言的梦想早已在记忆中模糊，但此时似乎又回到了心里：尤其每次和他们进行完一次次思想的盛宴之后，我感觉自己有一种全身“被照亮”的感觉，而我希望通过这本书、这篇小小的后记也能让更多的年轻人和我同样感受到这种“被照亮”的感觉。

正如徐小平说：“如果每一个我对话过、投资过的年轻人的状态都是被照亮、‘be inspired（被激发）’的状态，那他们的人生就是完全不一样的，它会变得更美丽、更charming（有魅力）、更active（积极），也就能得到更多机会，就更加接近成功，这就是我对他们的意义。”

早在2005年前后我在业界就经常听到大家说“中国缺乏天使投资”，似乎因为看到风险投资一夜之间让搜狐、网易、腾讯、百度等众多企业实现造富的神话，整个创业风险投资领域大家都争相跻身中后期VC/PE端，大量的热钱和基金可以说蜂拥而上挤进中后期的资本快车道，用更快更容易的方式赚得“盆满钵满”，而对于“天使投资”大家都认为是一件风险大、周期长、回报慢吃力不讨好的事，前端最早期项目无人问津投资无力，并且这种“前端萎缩营养不良，后端膨胀竞争过剩”的现象不但没有减缓反而愈演愈烈，很多人在“说”缺乏天使投资，很多人在怀疑和发问这种不正常现象，但真正身先士卒愿意去“做”、去扶植和帮助初创企业的人却很少。

而李开复、薛蛮子、徐小平、杨向阳、曾李青、雷军、蔡文胜……他们每个人都在拥有巨大财富之后没有选择其他更快、更好的赚钱方式，而是都选择了身体力行去“做”、去改善整个创业投资生态系统的“天使”投资。

最初抱着“挖掘投资心得”的初衷走近他们，但在这本书结稿时我深深知道“天使投资”于他们而言绝不只是一个投资行为，他们更多的是希望通过“天使投资”这种方式来回报社会。

“我的成功更多是因为运气和偶然，我的财富来自社会和这个产业，现在我希望回报这个社会，财富再回到这个产业”，这样的话我从薛蛮子、雷军、曾李青、蔡文胜、何伯权等人口中都听到过类似的表达和描述，他们每一个人过往的经历和人生都不同，每个人投资判断的标准也各有差异，但我却惊人地从不同的他们口中听到了相同的回答。当然，他们同样强调“做天使投资不是公益慈善”，他们只是用这样一种方式表达着自己对社会可以尽的一点力量。

他们每一个人都拥有丰盈的人生和经历，往往由“天使投资”开始讨论最后都引发到对国家与社会命运和人性的思考时，我看到了这群鲜活的“天使”们在“投资”之外更厚重的思想：

杨向阳，早在20世纪90年代就获得了第一桶金，十几年长期坚持在生物医药领域关注早期项目，而生物医药领域的投资周期非常长，一个新药和一种新的生物技术研发就需要很多年，而且启动资金要求非常大——购买先进的实验设备和仪器、建实验室等要求的资金规模都远远大于互联网产业，但杨向阳说医学可以帮到人的生命，如果自己投资的抗癌肿瘤新技术可以把目前肿瘤病人的一般治愈率从10%提高到20%、生存期从一年提高到两年，那就是全人类的价值，值得自己一生为之坚持，而中国过去经济发展主要是建立在“中国制造”的基础之上，天使投资恰恰是鼓励和支持最初、最底层的原创项目，如果天使投资能形成一种规模效应，会成为一种“鼓励创新”让“中国制造”向“中国创造”转变的强有力的社会土壤。

徐小平，以感性著称的他更看重人性之间的信任。当今社会总是习惯了怀疑和防备，习惯了否定和不相信，但人们在否定和怀疑的时候却丧失了信任的快乐，“信任是一种能力和素质，成功者基本上都有信任人的能力，你的人生永远在否定，永远被否定，你不信任人，你就永远得不到信任，也得不到信任所带来的人生的乐趣”。当听到这段话时，我作为一个第三方的作者感到了深深的震撼：联想到去年社会热议的小月月无人救助、跌倒的大爷无人扶持的现象不禁想到一个网络流行语叫“爱无能”。他们，投资给年轻人的何止是金钱和创业的经验，更是投资传播的一种“真、善、美”的理念。

李开复，从2004年和他相识我就已经习惯叫他“开复老师”，多年来他早已经习惯了外界对他的或褒或贬的评价，虽然创办创新工场也经过了从“内部孵化”向“外部招募”的摸索和转变，为创业者提供“资本投资 + 孵化服务 + 专家判断和指导”之外，李开复更看重的是对创业团队的一种文化熏陶和传承。“中国传统的企业大多是一个老板带着一群打江山的人，企业到底能走多久？未来的持续性和长远性到底怎样？中国甚至没有一个超过100年的公司，为什么？缺乏的是一种文化。创新工场更希望在金钱和经验的帮助之外将分享、透明、平等、创新的文化传递给这些项目和企业。而这些在创新工场孵化的企业和项目今后都会长大，它们的创始人会传承、继续这种文化影响更多的人，这是一种真正的良性文化的延续。”如果从“明道”、“取势”、“优术”三个维度来说，李开复更希望为年轻人做的是“明道”层面的事情，而不只是简单的技巧的“术”的提升。

还有蔡文胜对草根创业者的关注以及稿子完成后他打来电话一字一句修改的严谨，此书成文过程中薛蛮子多次打来电话询问做事的认真，何伯权专程从加拿大飞回国内接受采访，曾李青从深圳飞到北京在雪花飘飘的清晨向我传授曾氏独家秘诀……在此，对书中接受我采访的所有12位天使投资人一并说一声感谢！

此外，在此书的撰写过程中，我还要感谢我的实习生邓姗姗帮助我整理录音和文字，我自始至终的好朋友和伙伴邱黎斌给予我的鼓励和支持，亿达律师事务所的合伙人李亚飞给我的咨询和建议，前《创业邦》杂志的主编祝文让对我文字的润色和修改，创新坊马晓红老师的协调和沟通，以及北京磨铁图书有限公司王泽阳女士的专业和认真，一并在此感谢你们！

当全部文字完成时，我深深有一种“拙劣之笔无法描述和表达出所有内容”的感觉。也许，表达和记录本来就是一门遗憾的艺术，在此，只希望阅读到本书的读者哪怕能有某一处、某一丝的触动和收获，就已足矣。

附 录

项目/公司融资商业计划书

一 投资价值

二 公司/项目简介

三 项目基本情况

1. 项目及产品概述

2. 产品核心竞争力

3. 产品的主要服务内容

4. 市场契机及前景

5. 市场竞争及应对策略

四 赢利模式及分析

五 发展计划

六 融资资金用途

（此商业计划书范本适用于天使投资阶段）